中公新書 2582

佐藤 猛著

百年戦争

中世ヨーロッパ最後の戦い

中央公論新社刊

はじめに

ヨーロッパ史上、最も有名な人物の一人として、ジャンヌ・ダルクの名をあげることができよう。しかし、彼女が活躍した戦争の名をすぐに答えることのできる者は、どれほどいるだろうか。その戦争は「百年戦争」と呼ばれている。

ヨーロッパにおいて、中世という時代が終わりに近づいた一三三七年、日本では足利尊氏が征夷大将軍となり室町幕府を開く前年のことである。西欧世界にペスト（いわゆる黒死病）が到来する一〇年前のこの年、イングランド王とフランス王のあいだで戦争が勃発《ぼっぱつ》した。両国は当時、教皇庁に戦いを挑むほど力をつけていた。

戦乱は休戦を挟みながら拡大した。一四二九年、ジャンヌ・ダルクの登場を経て、戦争が終結したのは一四五三年とされる。その年のヨーロッパでは、キリスト教世界の防波堤であるビザンツ帝国（東ローマ帝国）がオスマン帝国によって滅ぼされている。一方、日本列島は南北朝の動乱や明《みん》との勘合《かんごう》貿易の開始を経て、応仁の乱（一四六七～七七年）の手前まで来ていた。

それでは、百年戦争にはどんな人物が登場し、どんな戦いがあったのか。おそらく、ジャンヌ・ダルク以外はほとんど知られていない。フランスに生まれ、そこで教育を受けた人の大多数にとっても、事情はさほど変わらないだろう。先日、妻の友人を通して知り合ったフランス人男性とこんな話をした。年齢は筆者より少し若い。

「百年戦争はフランスで有名ですか」、「もちろん。でも、学校を出たら忘れてしまった」。この男性はパリ、マルセイユに次ぐフランス第三の都市リヨンに生まれ、現在、妻の友人とともにパリ近郊に住んでいる。続けていう、「フランス革命や第二次世界大戦ほど人気はない。何といっても中世は千年以上だ。それだけで難しい」。友人たちは、「日本でいえば、応仁の乱をほとんど知らないのと一緒かな」とたとえた。

とはいえ、日本の高校世界史の教科書や参考書には、いろいろな情報が載っているのも事実である。イングランド圧勝の前半戦に対して、ジャンヌ・ダルクが覚醒《かくせい》させた仏軍が最終的に勝利を収めた。戦乱のなか、英仏では貴族が没落し、教会は権威を喪失、じきに宗教改革の嵐が到来する。百年戦争を通じて、中世という時代が終わりを告げた。

ただ、百年戦争は直後に起きたイングランドの王位継承争いである、「薔薇《ばら》戦争」(一四五五〜八五年)とセットで扱われることが多い。ゆえに、これと混同されていることもある。

さらに、戦争の原因へと話題が及ぶと、仏王位継承問題、アキテーヌ(フランス南西部の地域名)の領有、フランドルの羊毛交易などが出てくる。複雑すぎてよくわからないという印象が大半なのではないだろうか。戦いが行われた十四〜十五世紀という時代についても、当時のフランス社会や背後に広がるヨーロッパ世界はイメージしにくい。

本書ではこれらを踏まえて、二つの視点から百年戦争の通史を叙述する。

一つ目は、この複雑な戦争では、誰と誰が争ったのかを考えてみたい。あるいはどことどこの戦争なのか。この複雑な戦争では、誰と誰が争ったのかを考えてみたい。あるいはどことどこの戦争なのか。ごく一般には、「イギリス」と「フランス」あるいは両王の戦争という答えが返ってくる。しかし、百年戦争当時、「イギリス」と「フランス」は今とはまったく違うかたちで存在した。英仏両王家は婚姻関係でつながり、土地の領有関係はもつれ、支配領域は重なっていた。こうした関係は戦争中、ゆっくりと、だが激しく変化していく。また、戦争の過程に登場するローマ教皇や英仏以外の君主は戦争とどう絡んでいたのか。戦争に関わった人々の思惑にも目を向けながら、戦争の当事者を追っていきたい。

ただし、中世ヨーロッパ社会は識字率という点で、同じ中世といっても日本社会とはずいぶん異なった。当時、日本の貴族は女性も含めて日記・物語・随筆を残した。これに対して、中世英仏の王や貴族は日記を書いたり、ましてや、和歌や辞世の句を詠んで感情を吐露したりはしてくれない。聖書を扱うことを生業とした聖職者以外には、文字を読み書きできる人物など支配階級においてもごくわずかであった。本書では、年代記を中心として、王の名のもとに発せられた王令や書簡、条約関係の文書類、裁判所の記録を史料として用いる。

しかし、百年にも及ぶ戦乱を英仏海峡の両側から眺めて記述することは難しい。

そこで二つ目は、戦争の過程を主戦場となったフランスの政治・社会構造のなかに位置づけながら記述する。この戦争は公式には、イングランド王がフランスの王位継承に異議を唱えることで始まった。しかし同時に、イングランド王はフランスの南西部に領地を持ち、その拡大と独立を目指した。つまり、戦争はフランス王国の支配をめぐる戦いであると同時に、その一地方の独立をめぐる戦いであった。百年戦争の歴史を叙述しようとすると、フランス王国の中央－地方関係がそこに入り交じり、戦争の本線と区別できなくなる時がある。

とはいえ、フランス史からの視点は大陸のなかにとどまることが多い。戦争後、いわゆる絶対王政期とのつながりを重視する傾向もある。これに対して、戦争以前からフランス内部に領地を持ち、その王位を要求するに至ったイングランド側からの視点には学ぶところが多い。イングランド側の史料を網羅的に扱うことは難しいが、基本的な研究成果は適宜参照した。

以上のような視点のもと、中世が終わる頃のフランスを中心として、百年戦争が中世ヨーロッパ社会の展開に何をもたらしたのかを明らかにしていきたい。

目次

第五章　英仏連合王国の盛衰
――一四一三～三六年

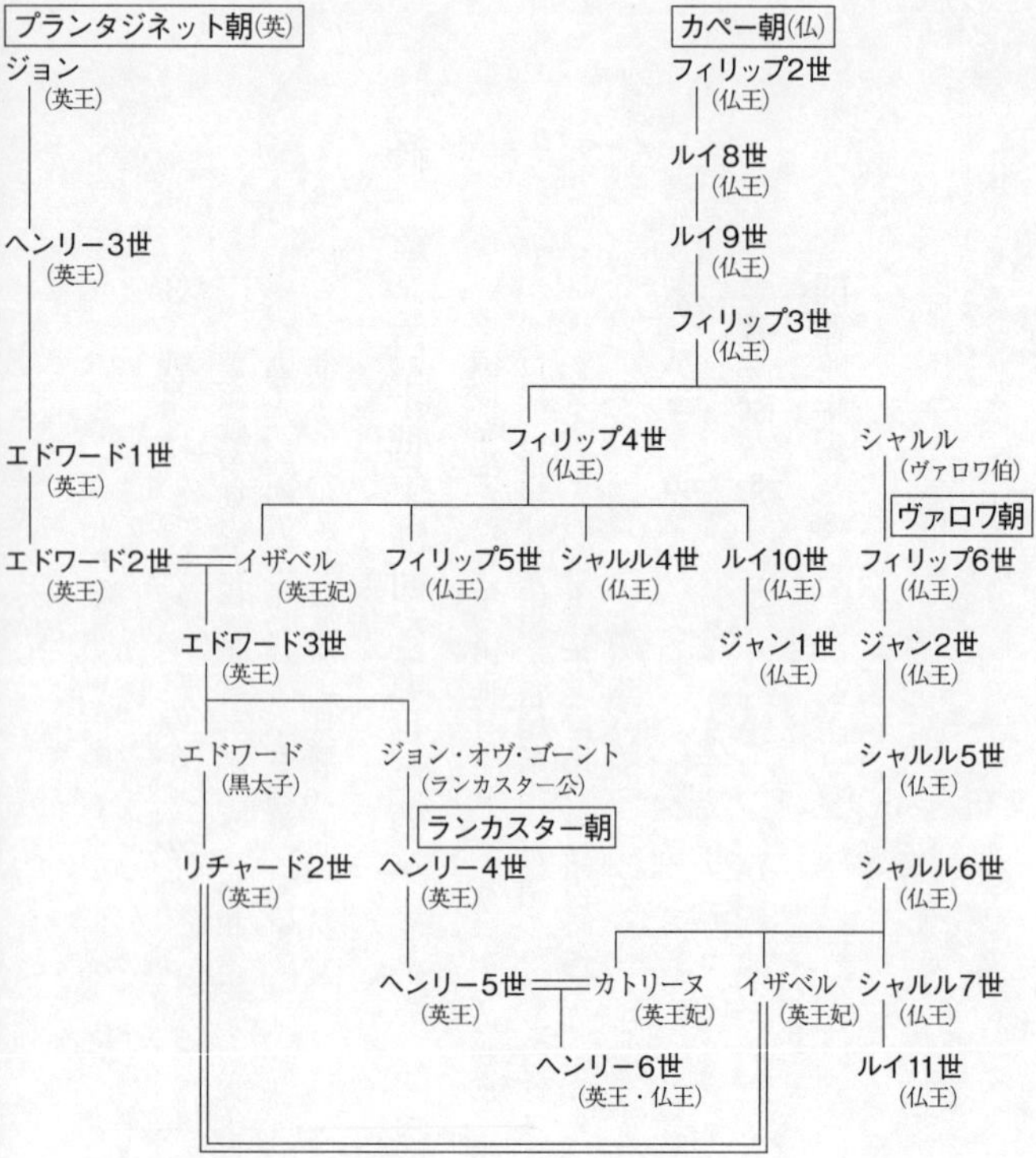
プランタジネット朝(英)
ジョン
(英王)
ヘンリー3世
(英王)
エドワード1世
(英王)
エドワード2世
(英王)
イザベル
(英王妃)
エドワード3世
(英王)
エドワード
(黒太子)
リチャード2世
(英王)
ジョン・オヴ・ゴーント
(ランカスター公)
ランカスター朝
ヘンリー4世
(英王)
ヘンリー5世
(英王)
カトリーヌ
(英王妃)
ヘンリー6世
(英王・仏王)
カペー朝(仏)
フィリップ2世
(仏王)
ルイ8世
(仏王)
ルイ9世
(仏王)
フィリップ3世
(仏王)
フィリップ4世
(仏王)
フィリップ5世
(仏王)
シャルル4世
(仏王)
ルイ10世
(仏王)
ジャン1世
(仏王)
シャルル
(ヴァロワ伯)
ヴァロワ朝
フィリップ6世
(仏王)
ジャン2世
(仏王)
シャルル5世
(仏王)
シャルル6世
(仏王)
イザベル
(英王妃)
シャルル7世
(仏王)
ルイ11世
(仏王)

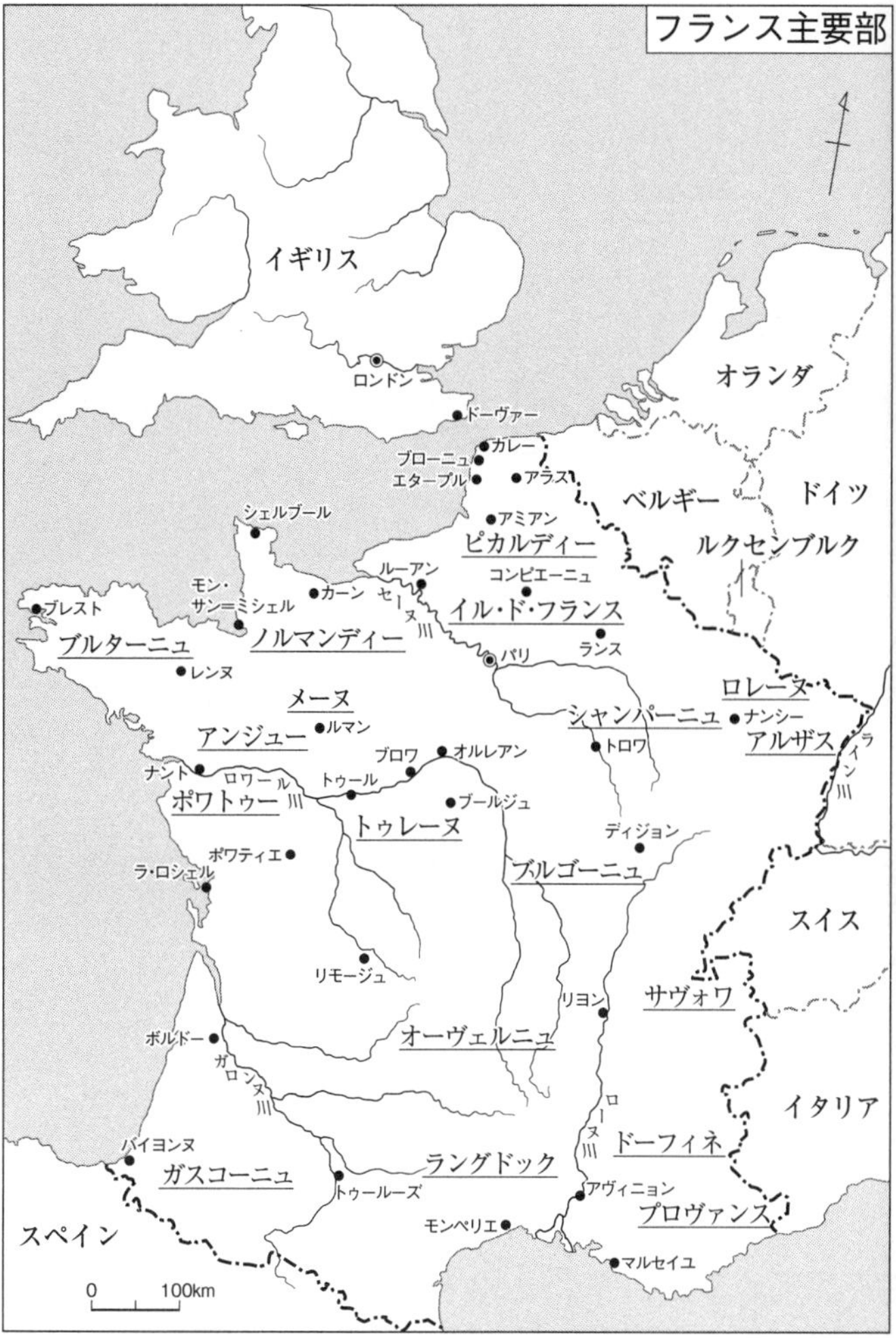
フランス主要部
イギリス
ロンドン
ドーヴァー
オランダ
ベルギー
ドイツ
ルクセンブルク
カレー
ブローニュ
エタープル
アラス
アミアン
ピカルディー
シェルブール
ルーアン
コンピエーニュ
モン・
サン＝ミシェル
カーン
セーヌ川
イル・ド・フランス
ブレスト
ノルマンディー
ブルターニュ
ランス
パリ
レンヌ
メーヌ
ロレーヌ
シャンパーニュ
ナンシー
アンジュー
ルマン
アルザス
ライン川
ブロワ
オルレアン
トロワ
ナント
ロワール川
トゥール
ポワトゥー
ブールジュ
トゥレーヌ
ディジョン
ポワティエ
ブルゴーニュ
ラ・ロシェル
スイス
リモージュ
サヴォワ
リヨン
ボルドー
オーヴェルニュ
ガロンヌ川
イタリア
ローヌ川
ドーフィネ
バイヨンヌ
ガスコーニュ
ラングドック
トゥールーズ
アヴィニョン
プロヴァンス
スペイン
モンペリエ
マルセイユ
0
100km

下線は地方名を示す。国名と国境は現在のもの。

図版作成　ケー・アイ・プランニング

百年戦争

序章　中世のイングランドとフランス

——一〇六六～一三四〇年

この章の主な登場人物

■ヘンリー２世（1133〜89）
プランタジネット朝初代のイングランド王（位1154〜89）。西仏のアンジュー伯だったが、ノルマン朝の王ヘンリー１世（位1100〜35）の孫であることから王位を継承した。

■ヘンリー３世（1207〜72）
プランタジネット朝のイングランド王（位1216〜72）。ジョン王（位1199〜1216）の子。

■ルイ９世（1214〜70）
カペー朝のフランス王（位1226〜70）。ルイ８世（位1223〜26）の子。キリスト教への信仰が篤く、聖王と呼ばれる。

■エドワード１世（1239〜1307）
プランタジネット朝のイングランド王（位1272〜1307）。ヘンリー３世の子。

■フィリップ４世（1268〜1314）
カペー朝のフランス王（位1285〜1314）。フィリップ３世（位1270〜85）の子。美男王と呼ばれる。

■エドワード３世（1312〜77）
プランタジネット朝のイングランド王（位1327〜77）。エドワード２世（位1307〜27）の子。カペー朝の断絶に乗じ、母イザベラ（フィリップ4世の娘）の血統を根拠にフランス王位の継承権を主張した。

■フィリップ６世（1293〜1350）
ヴァロワ朝初代のフランス王（位1328〜50）。フィリップ４世の弟ヴァロワ伯シャルルの子。カペー朝断絶のため王位を継承した。

■ロベール・ダルトワ（1287〜1342）
フランスの貴族で、父はアルトワ伯ロベールの子フィリップ。北仏のアルトワ伯領の継承争いに関して国王フィリップ６世と対立した。

1　北西フランス発祥の英仏両王家

三倍の国力

教科書的にいえば、百年戦争は一三三七年に勃発する。イングランド王エドワード三世（位一三二七〜七七）はフランス南西部の一角を、フランス王フィリップ六世（位一三二八〜五〇）の家臣として領有していた。西欧屈指のワインの輸出港、ボルドーの周辺である。しかし、この年フィリップはエドワードの領地没収を宣告した。これに対して、エドワードがフィリップの仏王位継承に異議を唱えて、戦争が勃発した。終結は一四五三年である。同年十月、仏軍はボルドーを陥落させた。英軍はフランス最北部のカレーを除いて、大陸から全面撤退し、戦争は終わった。

歴史研究はこれまで、百年戦争のさまざまな側面を明らかにしてきた。剣、矢、槍《やり》、弓から大砲へ、戦局の背後にある武器や戦術の発展、封建社会の崩壊がもたらした経済と政治の危機、税制を中心とした統治制度と国民意識の形成、など。近年では、国家や国民が生まれる以前の西欧中世社会について、人々の帰属意識や共同体のあり方が改めて探究されている。

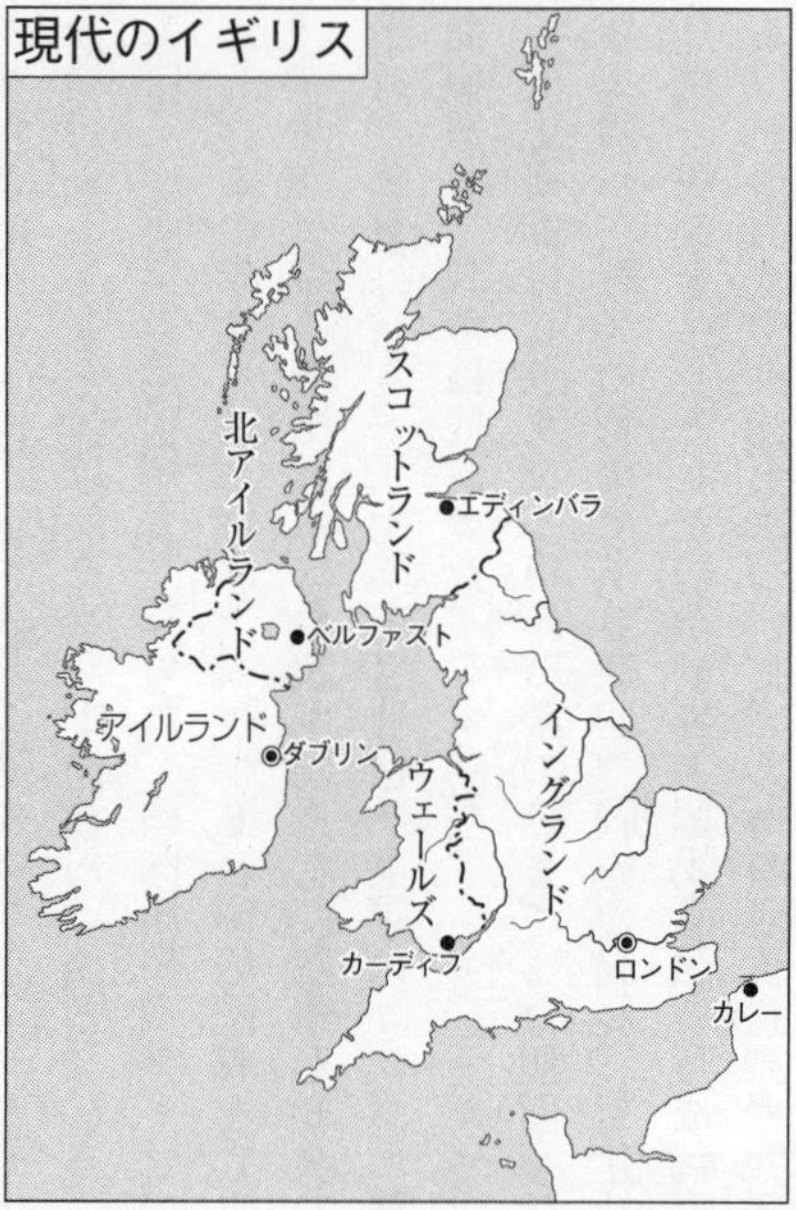

現代のイギリス

そのなかで、百年戦争はイギリスとフランスの二国の戦争とは考えられていない。むしろ戦争を通じて、国境と愛国心を備えた二つの国家が生まれたとされる。そうした見方は日本でも知られつつある。

現在につながるイギリスとフランスの姿からは想像しにくいかもしれないが、百年戦争が始まった一三三〇年代、両国の国力には大きな開きがあった。

戦争中、戦闘はもちろん和平交渉を行った主な当事者は、イングランド王とフランス王である。ここで「イングランド」は「イギリス」とイコールでない。サッカーやラグビーの代表と同様、イギリスを構成する右側の島、ブリテン島の南半分が「イングランド」である。北半分はスコットランドである。この時代のスコットランドは、イングランドとは別の王国であり、百年戦争の勃発において欠くことのできない役割を果たした。

戦争勃発の頃、イングランド王国には、一三万平方キロメートルの地に五〇〇万人弱の人々が住んでいた。ブリテン島西部のウェールズと対岸のアイルランドを征服下に置いたが、スコットランドの征服にはなかなか成功しなかった。これに対して、フランス王国は四二万平方キロメートルの地に一七〇〇万人が暮らした。単純計算でイングランドの約三倍の国力である。キリスト教世界は、信徒の教化や布教のため、大きいものから順に大司教区、司教区、小教区へと分割されている。最小の管区である小教区の数でいうと、一三〇〇年頃、イングランドの八〇〇〇～八六〇〇に対して、フランスは約三万二〇〇〇と四倍を数えた。

右肩下がりの時代へ

この頃の西欧全体に目を向けると、一二八〇～九〇年代から右肩下がりの時代が到来しつつあった。人口増加に対して、食糧の生産が追いつかなくなっていた。結果、穀物不足が生じ、インフレほか、さまざまな事態が起こった。食糧不足のなか、人々の栄養状態はだんだんと悪化し、一三四八年のペスト流行の温床となった。王や教会から中小貴族に至る領主層は、農民が減るなかで土地からの貨幣および現物での収入の伸び悩みに苦しんだ。このため、彼らは穀物以外にも、ワインのような商品作物の生産と販売に手を出した。そして、農民には何かと負担や義務を要求した。ジャックリーの乱（一三五八年）やワット・タイラーの乱

（一三八一年）などの農民蜂起《ほうき》は、これらの状況が一因となって起こった。

商業と流通のネットワークはシャンパーニュ（フランス北東部）、フランドル（現在のフランス北部からオランダ南部）、北イタリアなどにおいて成長を遂げてきた。しかし、新たな収入源を模索する君主たちが商取引への課税を強化した。新集落の建設は停滞し、一三五〇年以降は兵士の略奪から身を守ろうと村を棄《す》てる者も増えていく。

キリスト教会の総本山であるローマ教皇庁はローマ市内の派閥抗争を嫌い、一三〇九年以来、南仏のアヴィニョンという町に逃れていた。一三七八年、アヴィニョンとローマの双方に教皇が立つと、西欧世界は教会大分裂の時代を迎えた。

フランス出身のイングランド王

中世以来、イングランドそしてイギリスの歴史においては、海外に多くの植民地を持った近代を除き、ヨーロッパ大陸といかにつかず離れずの関係を維持するかは外交の柱であり続けた。中世においては、ブリテン島と大陸はドーヴァー海峡（英仏海峡の最も狭い部分）を挟んで、一体といっても過言ではなかった。

十字軍が始まった十一世紀末以降、イングランドの王とその支配階層は対岸のフランス北西部から来ていた。一〇六六年、ノルマンディー地方からノルマン家のギヨームがイングランドを征服し、ウィリアム一世（位一〇六六～八七）として王に即位した。「ノルマン征服」と呼ばれる事件である。一一五四年、今度はアンジュー地方からプランタジネット家のアンリが、ヘンリー二世（位一一五四～八九）としてイングランド王位を継承した。アンリの母マティルダはノルマン王家の王女であった。

これ以後、現在の仏語の基になる言葉を話す人々が、イングランド王となり、その家臣としてドーヴァー海峡を渡った。英和辞典を引いた時、項目の末尾に「<F」あるいは「<OF」のような記号を目にしたことはないだろうか。これは、その英単語が仏語（French）あるいは古仏語（Old French）に由来することを示す。仏語由来の単語は抽象名詞に多いといわれるが、身近な言葉にも見られる。中世イングランドにおいて農民が飼育した牛と豚を意味する **cow**《カウ》と **pig**《ピッグ》は古い英語に由来する。対して、王や貴族が食した牛肉と豚肉を指す **beef**《ビーフ》と **pork**《ポーク》は、彼らの話した仏語の **bœuf**《ブフ》と **porc**《ポール》に由来した。

ノルマン家もプランタジネット家も、自身の家門の起源がフランスにあることを忘れなかった。イングランド王位を得たのちも、北西フランスの領地こそが統治の拠点であった。プランタジネット家は、フランス中央部のロワール川沿いで、アンジュー地方に位置するフォントヴロー修道院に王家の菩提寺《ぼだいじ》を置き、みずからの家門を「アンジュー家」と呼んだ。

プランタジネットという名称は、百年戦争後に起きた薔薇戦争の時、ランカスター家と争うヨーク家が分裂以前の王統を指して使ったものといわれる。本来は「アンジュー」を用いるべきである。しかし、十三世紀以降の仏王族であるアンジュー伯ないし公と区別するため、英王家についてはプランタジネットの名称を用いる。

パリ盆地のカペー王家

ノルマン家そしてプランタジネット家が英王位を継承した頃、仏王位はカペーという王家により継承されていた。ゲルマン部族を統一したフランク帝国は、八四三年、カール大帝の孫の代に分割相続された。西フランク、つまり現在のフランスにあたる領域は末の孫シャルルが相続した。しばらくは、大帝の血を引くシャルルの子孫が続く。しかし、九八七年、パリ盆地に本拠地を持つカペー家が、クーデターによって新王朝を開いた。

しかし、カペー家の勢力圏は当初、パリ盆地とその周辺に限られていた。現在のフランス各地には、フランク帝国時代の国王役人の子孫をはじめ、さまざまな由緒や来歴を持つ豪族が根を張っていた。時には、王に劣らぬ軍事力や財力を保持した。こうした豪族やその子孫とともに、彼らに仕えた者たちの末裔《まつえい》が「公」や「伯」、「副伯」等の称号を持つこととなる。

西フランク王権は九一一年、スカンジナヴィア半島から南下してきたノルマン人に対して、フランス北西部への定住を許可した。その首領ロロとその子孫らは、自身の集団の名前をとってノルマンディー公と呼ばれた。一〇六六年、イングランドを征服したギョーム（ウィリアム一世）はロロの五世代後の子孫である。アンジュー伯（のちのプランタジネット家）も十世紀頃より、婚姻と征服を通じて領地を拡大し、一一四四年のノルマンディーに続き、一一五四年に前述のようにノルマン家からイングランド王国を継承した。

しかし、カペー家の本拠地であるパリ盆地は、セーヌ川の水運に恵まれた西欧随一の農業地帯であった。カペー家の王たちは一一〇〇年前後より、農業生産力の回復を背景に財力と軍事力を蓄え、周辺の貴族層を抑えた。そして、王家としての自覚に目覚めた。歴史研究上、「王権の覚醒」と呼ばれている現象である。

以来、パリとその周辺地域は、経済・政治・宗教のさまざまな点で発展を遂げていった。十二世紀の後半、神学研究の総本山であるパリ大学が設立され、近隣のサン＝ドニ修道院の付属聖堂にゴシック様式が導入された。ステンドグラスとともに天に向かう尖塔《せんとう》はパリの発展を象徴し、そこは王家の菩提所として整備された。ノートルダム大聖堂の建設が始まったのもその頃、一一六三年であった。二〇一九年、火災に見舞われたあの大聖堂である。

これらの発展に支えられて、一一八〇年、フィリップ二世が王位についた（位一一八〇～一二二三）。初代ローマ皇帝アウグストゥスにちなんで、「オーギュスト（尊厳王）」のあだ名を持った王の治世以来、カペー王権は官僚組織を整備するとともに各地の豪族の統制にも乗り出した。ここに、英王位を継承したばかりのアンジュー伯家＝プランタジネット王家との抗争が始まった。

2 主従関係のしがらみと絆

ヘンリー二世の臣従

日本の鎌倉時代には、御恩と奉公という武士の主従関係が存在した。中世ヨーロッパでも、武器を自弁することのできる貴族のあいだで、土地の授受を介して、主君と家臣の関係が結ばれた。そこでは日本とは異なり、一人の家臣が複数の主君に仕えるのが通常であった。また、「国王」は主君にも家臣にもなった。主君は家臣の保護と領地授封《じゅほう》、家臣は主君への軍役・助言・金銭の提供など、お互いに義務を有した。これらの義務が果たされなかった時、主君は家臣の領地を没収することができた。家臣には主君に対する反逆が許された。

プランタジネット家のヘンリー二世は、イングランド王といっても、フランス北西部のアンジューおよびノルマンディーを活動拠点としていた。くわえて、ヘンリーは王に即位する二年前、フランス南西部のアキテーヌ公領の女相続人アリエノールと結婚することで、その地を手中に収めた。そして、イングランド王に即位した二年後、フランスに持つ領地について

根拠地のアンジューを中心としてフランスの西半分を領有し、カペー家の王領を圧倒した。エドマンド・キング著『中世のイギリス』（慶應義塾大学出版会、2006年）をもとに作成。

は、フランス王ルイ七世（位一一三七〜八〇）に臣従の礼を行った。

なぜ、これほど多くの領地を持つヘンリーが、当時パリ周辺にしか領地を持たないルイに臣従しなければならなかったのか。いろいろと議論はあるが、前述のようにヘンリーもフランス西部で生まれ育った貴族上層の人間であり、フランスに領地を持つ限り、その王への臣従は避けられない。領地の広さは関係ない。こうして、ヘンリーは一一七〇年代、フランスの西半分をフランス王の家臣として、ブリテン島南部のイングランドを独立の王として、アイルランドの大半を征服者としてその服従下に置いた。その支配圏はアイルランドからピレネー山脈に至り、歴史研究上、「アンジュー帝国」などと呼ばれる。しかし、一二一五年頃より状況が変わってくる。

イングランドの統治拠点化

一二一五年は、イギリス議会政治の出発点といわれる。マグナ・カルタ（いわゆる大憲章）が発布された年である。マグナ・カルタとは、失政を重ねたジョン王（位一一九九〜一二一六）に対して、イングランドの貴族と教会が王国統治の約束事を認めさせ、それを書き記した国王文書に付けられた後世の名称である。そうしたジョン王の失政の一つが、父祖伝来のノルマンディーとアンジューをフランスに奪われたことであった。

ルーヴル美術館は、小説『ダ・ヴィンチ・コード』（ダン・ブラウン作）冒頭のカーチェイス・シーンに描かれているようにパリ市街のど真ん中にある。しかし、フィリップ二世の頃、そのあたりはパリの西側城壁の外側に位置した。当時、その方角には、ジョン王が治めるノルマンディー公領が広がっていた。フィリップは、英軍の進攻を監視しパリを守るために、ここに要塞《ようさい》を建築した。その要塞こそがルーヴルのルーツである。今も美術館の地下に行くと、要塞の土台を見学することができる。

その後、フィリップは一二〇四年前後、ジョンが大陸に持つ領地の大半を奪取することに成功した。この結果、ジョンはフランス北西部の本拠地を失い、統治の拠点をイングランドに移すことを余儀なくされた。つまり、それまでプランタジネット王家の兵士と資金の供給地だったイングランドは、以後、王家の統治の拠点となった。ジョンの家臣のなかには、イングランドとフランスの双方に領地を持つ者も多かったが、どちらを選ぶか選択を迫られた。

しかし、イングランド王とその側近、家臣は依然として仏語を話した。一二七二年、ジョンの息子ヘンリー三世（位一二一六～七二）の埋葬時より、プランタジネット家の墓はロンドンのウェストミンスター修道院に移されたとはいえ、フランス南西部のアキテーヌ公領には、以後もイングランド王の領地が広がった。

だが、これらの状態を見て、中世のフランス王国とイングランド王国の境界線が、現在英仏海峡がそうであるようにフランスの西部に引かれていたと考えてはならない。たしかに、イングランド王はイングランドやアイルランドを独立の君主として治めることができた。しかし、フランス南西部の大陸領については「アキテーヌ公」を名乗り、フランス王の家臣であった。フランス王に忠誠を誓わなければ、この地を治めることはできない。一方で、「アキテーヌ公」としてのイングランド王は、フランスの最高貴族の一人に列せられてもいた。英仏二人の王の支配領域はヨーロッパ大陸の一角で交わり、重なっていたのである。

優先的臣従礼

ジョン王の時代に縮小した英大陸領は、その後さらに縮小していくが、おおよそボルドーの周辺からその南でピレネー山脈の手前のバイヨンヌ周辺に至る地域に点在した。イングランド王はこれらを「アキテーヌ」として領有し、仏側はこれを「ギュイエンヌ」、特にその南西部を「ガスコーニュ」と呼んだ。ただし、三つの呼び名が厳密に使い分けられているわけではない。

ジョン王とフィリップ二世の戦争以来、混乱していた英仏両王の主従関係および領有関係は一二五九年のパリ平和条約によって確定された。フランス王はルイ九世（位一二二六～七〇）、イングランド王はヘンリー三世の時である。ヘンリーは王家伝来のノルマンディーと

臣従礼　エドワード３世（中央左）がフィリップ６世（同右）に跪き、両手を差し出す。『フランス大年代記』（14世紀後半の写本）より。

アンジューを放棄する代わりに、アキテーヌの領有を認められた。そして、アキテーヌ領有の条件として、以後のイングランド王はフランス王に対して「優先的臣従礼をなすであろう」と条文に明記された。

西欧中世において主従関係を締結ないし更新する時、いくつかの儀式を行うのが慣わしであった。識字率がきわめて低い中世社会では、王や貴族は誰が見てもわかるように、何かと儀式を行うことで地位や権力関係を示す必要があったからである。「封土の授与」「忠誠誓約」とともに、家臣は複数の主君のうち（主君が一人だけの場合もある）、最重要の主君に対しては「優先的臣従礼」を行うよう求められた。家臣は跪《ひざまず》いて両手を合わせ、主君に差し出し、主君はこれを両手で包んだ。家臣がその全身全霊を主君に捧《ささ》げ、生涯にわたる忠誠を誓うこの儀礼は「託身礼《たくしんれい》」とも呼ばれる。

それでは、なぜ一二五九年、英仏の主従関係が更新、つまり再度締結されたのか。この問題は、すでに条約締結当時から論じられていた。ルイ九世の家臣であったジャン・ド・ジョワンヴィルは王の死後、条約締結の五〇年後にあたる年にルイの伝記を著した。これによると、家臣たちは王がヘンリーに多くの領地を授与することに猛反発した。これに対してルイが、家臣は一人でも多い方が良いと答えたと伝えられている。事実であったとしても、解釈の難しい証言である。また条約締結と前後して、イングランドではヘンリー三世に対する貴族の国政改革運動が起きている。シモン・ド・モンフォールの乱(一二五八年)である。この時、ルイ九世は主君という立場を意識したか否かは定かではないが、争いの調停に入ってヘンリーを支えた。

フランス王領の飛躍的拡大

イングランド王がイングランドに拠点を移し、北西フランスから去るに応じて、フランス王は支配領域を増やし、現在フランスと呼ばれている地の多くの部分を手中に収めていった。それを物語る指標の一つに、「王領」の拡大という現象がある。「王領」とは王の直轄領のことである。そこで王は、住民に地代や軍役、要塞や橋の修繕工事の労役を要求し、第一審

（最初の審理）の刑事裁判権を行使することができた。王はこの王領地収入のみで、王国統治や家政を運営しなければならなかった。

フィリップ二世の即位時にパリ周辺に限られていた王領は、十三世紀中に飛躍的に拡大した。一二五九年のパリ平和条約では、前述のようにアキテーヌを除くフランス西部が王領に併合された。その少し前、十三世紀前半、南部にはびこっていたキリスト教異端のカタリ派の討伐を通じて、トゥールーズとその周辺の地がカペー王権の傘下《さんか》に降《くだ》った。同世紀後半には王家の結婚を通じて、北東部のシャンパーニュや中東部リヨンが王領に編入された。フランス王の国王役人が各地に置かれ、王の統治制度も整備されていった。その一端を司法を例に紹介しよう。

初期の中世ヨーロッパでは、各国君主は司法・行政・財務すべての統治業務を宮廷において行った。十二世紀頃までのことである。宮廷は王と重臣がその時々に滞在した館、城、修道院などで開かれた。民からの訴えはそこで裁かれた。また、王の宮廷が家臣層の宮廷と比べて、規模こそ違え、特段に整備されていたわけでもなかった。

十三世紀に王領が拡大すると、これに伴って王の統治業務が激増した。このなかで国王宮廷から司法組織たる法廷が分化した。専門の司法官が置かれ、王が法廷に姿を現すことは稀《まれ》になった。以後も、宮廷本体は王本人とともに移動したが、法廷はパリの中心、セーヌ川に浮かぶシテ島の王宮の一室に執務室を与えられた。この法廷は十四世紀以降、「高等法院」と呼ばれていく。各地の主要都市にも王の代官が置かれ、民事および刑事の裁判権を代行した。この地方役人は、北仏ではバイイ、南仏ではセネシャルと呼ばれた。十四世紀初め、南北合わせて六〇ほどの管区が置かれ、王国全土を覆いつつあった。

英仏同根説

中世イギリス史家の城戸毅は、二〇一〇年、『百年戦争――中世末期の英仏関係』を著した。百年戦争に関する我が国初の研究書であるこの書物では、イングランド史の観点から、戦争の原因や英軍撤退の政治的・社会的背景が詳しく論じられている。そこで城戸は英仏関係を、かつて一つの天体であったが、現在は別個の天体である「月と地球」の関係にたとえた。筆者も勤務校において、戦争勃発前後までの英仏関係に関して、「〇〇と〇〇のような関係」と名付けよと学生に課題を出すことにしている。

歴史上の人物から「明智光秀と織田信長」、身近な例から「兄弟」「姉妹」「チーズとバター」などの回答が返ってくる。なるほど、英王家と仏王家は北西フランスのロワール川―セーヌ川間という同じ母胎に発祥し、当初はそこに本拠地を置いた。その後、ドーヴァー海峡を挟んで環境の異なる土地で育《はぐく》まれ、別々の国家へと成長した。兄弟姉妹が喧嘩《けんか》と仲直りを繰り返して成長し、同じ牛の乳から異なる製法によってチーズとバターができるように。

フィリップ・コンタミヌは、軍事史・貴族史を中心に、百年戦争に関して多数の重要な著書を残してきたフランスの歴史家である。彼は一九七六年、アシェット社の叢書《そうしょ》「日常生活史シリーズ」の百年戦争期を担当した。この時代、英仏両王家は王位継承、領地防衛、怨恨《えんこん》など、敵対関係にあったことは間違いない。しかし、海峡両側のそれぞれの社会はいかに似通っていたことか。時間の計測方法、言語、疫病、移民、生と死、衣服や食料、対ユダヤ人政策などがこのことを示している。社会構造が類似しているからこそ、イングランド王はフランスに領地を持ち、仏王位継承を要求することができた。

このような関係にあったイングランド王とフランス王の百年戦争は、決して「イギリス人」と「フランス人」の戦争ではなかった。ただし、「フランス人同士」の戦争だったとも言い切れない。イングランド王はたしかに仏語を話し、フランスに領地を持ったが、イングランドに関してはフランス王の干渉を受けない。また「兄弟」「姉妹」というたとえに加えて、英仏王家間に婚姻関係があったことから、「お家騒動」との見方もある。そうした側面がないわけではないが、お家騒動にしてはスコットランドやイベリア半島の王も戦争に関わり、和平や休戦の条約では当事国にさえなっている。

では、誰と誰の戦争なのか。これは以下でじっくり考えるとして、戦争以前またはその最中について、「英仏」という表現は必ずしも適切ではない。本書では、これをイングランド王とフランス王の、重なる場合も含めた支配領域、主従、血縁、外交などの関わりを漠然と示す表現として用いている。特に「英」の文字は、文脈により現在のイギリス、中世のイングランド、その勢力圏など、複数の意味合いで用いられている。

八〇年、一六〇年、二〇〇年？

「英仏」と同様に、適切かどうかが争われている用語をもう一つ説明しておかねばならない。ほかでもない、本書のタイトル「百年戦争」である。現在のドイツを主戦場とし、ヨーロッパ初の国際戦争といわれる「三十年戦争」は、一六一八〜四八年の出来事だ。そこでは、戦いの期間がそのまま戦争名となっている。これに対し、百年戦争が一〇〇年間の戦乱ではなかったことはすでにお気付きだろう。このインパクトあるネーミングはいつ誕生したのか。

英仏両王が一三四〇年前後より、仏王位をめぐって「長く」争っているという認識は、一三六〇年には双方が結んだ条約文書のなかで確認することができる。戦争末期の一四三〇年代においても、この戦争が「フランスの王冠」をめぐって戦われてきたとの認識が見られる。しかし、現在から見れば戦後といえる十五世紀後半からルネサンス後期にかけて、戦争の期間が一〇〇年間であったと考える者はいなかった。たとえば、イギリスの劇作家シェイクスピアは、一五九九年初演の『ヘンリー五世』という作品のなかで、この戦争が八〇年間ほど続いたと考えた。シェイクスピアがなぜそのように考えたかは、本書の第五章に示されることとなろう。同じ頃、「間隔を置いて一〇〇年以上続いた」と、逆に戦争の期間を長めに記述する者もいた。しかし、いずれにしても、この「長い戦争」がその後の歴史に大きな影響を及ぼしたという認識は特にフランスにおいて強い。

シェイクスピアより少し前、十五〜十六世紀の人物として、イタリア人パオロ・エミリオを紹介しよう。この頃のフランス王は、ルネサンスを経験したイタリアから多くの人材を招いた。一五一六年頃、晩年のレオナルド・ダ・ヴィンチが招かれたように。パオロは一四八三年の渡仏後、八九年フランス王シャルル八世の修史官に任じられた。その後、一五二九年にかけてラテン語による重厚なフランス王国史を完成させた。パオロによれば、フィリップ六世期以降の対英戦争は「長く残忍な」戦争であった。そこでは、祖国を裏切る者どもに対して、後述するカレーの市民やジャンヌ・ダルクが祖国に命を捧げた。パオロ自身の言葉ではないが、それは国民的な戦争であった。

その後、戦争の期間は八〇年、一二〇年、一六〇年、二〇〇年などと表現されたのち、一八二二年、復古王政期のフランスで「百年戦争」の名称が誕生した。一七八九年の革命とそれに続く反革命の動乱が一段落した頃、若者向けの歴史入門書でのことだった。フランス・

ナショナリズム高揚のなか、中世末期における英仏戦争とジャンヌ・ダルクの活躍は、大革命に匹敵する「フランス国民」の歴史の画期とみなされた。このなかで、インパクトのあるネーミングが受け入れられたのであろう。その名称は、一八六〇年代にはイギリスでも使われ始めた。

歴史研究者のあいだでは、今でもこの名称の是非が争われている。「百年戦争」は一つの戦争なのか。英仏は十四〜十五世紀の前も後も戦っているではないか——。ただし、本書では混乱を避けるため、歴史研究の慣例に従って一三三七〜一四五三年について、「百年戦争」の用語を用いる。戦争の期間やネーミングについての筆者の考えは、第六章で述べよう。

3　戦争勃発への道

封建的原因と王朝的原因

百年戦争が始まった時の英仏二人の王について、歴史家は両王の人柄をさまざまに語ってきた。プランタジネット朝エドワード三世は温厚な人柄である一方で時に無慈悲、名誉やメンツを重んじた。伝説的英雄アーサー王に心酔した。ヴァロワ朝フィリップ六世は本家断絶によって王に選ばれたため、帝王教育を受けていない。優柔不断で、肥満ゆえに戦争には向いていなかった。

　イギリスの歴史家アン・カリーの著書『百年戦争』は、最も読まれている通史の一つである。本項の小見出しに用いた「封建的原因」と「王朝的原因」は、カリーが戦争の原因を論じた節のなかで用いた表現である。日本の高校世界史などでは、仏王位継承とフランドルの羊毛取引をめぐる問題が原因として強調されることが多い。これに対して、欧米では一般的に、戦争の根本原因は、英大陸領をめぐる積年の封建的主従関係の存在だと考えられている。仏王位継承という王朝の問題は開戦の口実にすぎなかったといわれる。現在では、英大陸領の問題がなぜ十三世紀末から十四世紀前半に熱を帯びたのかが、ヨーロッパ規模での経済成長の停滞や国家の誕生といった文脈のなかで改めて考察されている。

　本書も、この欧米での捉《とら》え方を研究の到達点として受け入れたい。そのうえで、いくつかの争点がどのように絡み合い、その背景に英仏のいかなる思惑があったのかを検討する。

アキテーヌをめぐる攻防

　十三世紀末頃より、西欧世界全体の経済成長が停滞し始めた。英仏両王は少しでも多くの領地と収入源の確保、できればそれらの拡大をもくろむようになった。両王はともにユダヤ人の財産を没収し、キリスト教会の聖職者に課税を試みた。結果、両王ともローマ教皇庁と対立し始める一方で、アキテーヌに対する支配権をめぐっても対立を深めていった。

時のフランス王は、フィリップ四世（位一二八五〜一三一四）である。ローマ教皇ボニファティウス八世（位一二九四〜一三〇三）に屈辱を与え、憤死させたといわれる人物だ。王は英大陸領に何かと干渉した。アキテーヌ内で起こる裁判沙汰《ざた》に関して、その地の至上の君主はフランス王であると管轄権を主張し、いくつもの案件をパリ高等法院に持ち込もうとした。

イングランド王エドワード一世（位一二七二〜一三〇七）も負けていない。彼は、イギリス議会における二院制の起源となった「模範議会」（一二九五年）を開催したことで有名である。その一方で、北はスコットランド、西はウェールズの征服を試み、大陸ではアキテーヌを死守せんとした。一二九二年の軍事衝突をきっかけに起きた九四年のガスコーニュ戦争の際、エドワードはガスコーニュの地がフランス王からの封土ではなく、神から与えられた地であると主張した。これは、大陸領に関する独立宣言ともいえる。

中世末期における英仏の国家史研究をリードしてきたジャン＝フィリップ・ジュネは、百年戦争は事実上、このガスコーニュ戦争の時に始まったとまで述べている。その後、現地では小競り合いが続いたものの、ローマ教皇庁があいだに入った。一三〇三年、パリ平和条約が結ばれた。ここにおいては、両者の友好の証《あかし》として、英王太子エドワード（のちの国王エドワード二世）と仏王女イザベルの結婚が提案された（婚礼は一三〇八年）。この結婚は、二人の息子エドワード三世がのちに仏王位継承権を主張する根拠となっていく。

一三二七年、そのエドワード三世が十四歳でイングランド王に即位した。この翌年、フランスでカペー王家が断絶し、ヴァロワ王家が誕生している（後述）。このため、王はアキテーヌについて臣従礼を行うべきか否かが、議会において議論された。議会は、領地安堵《あんど》のために規定の儀礼を行うべしとの結論を出した。エドワードの妃《きさき》フィリッパに宮廷詩人兼歴史記録係として仕えたフロワサールは、のちにエドワードの偉業を伝えるため『年代記』を記した。そこに、儀式当日の様子が伝えられている。

一三二九年六月六日、北仏のアミアン大聖堂においてのことである。エドワードは、身を委《ゆだ》ねる身振りを伴う優先的臣従礼を拒んだ。聖書に手をかざして、生涯の忠誠を誓う儀式の挙行のみで済まそうとしたのである。これに対して、仏側は、歴代王の臣従礼に関する記録の確認を求めた。その後、一三三一年四月、エドワードはアミアンでの儀式を優先的臣従礼と解釈することに同意したが、よほど屈辱だったのだろう。変装して渡仏したといわれている。その後も仏側は改めて優先的臣従礼の挙行を求めていくこととなる。

亡命者を匿う

一三三四年頃より、北西ヨーロッパに本拠地を持つ諸勢力をめぐって、英仏関係に緊張が走っていた。このうち三つの勢力をその由来や背景が古い順で取り上げていこう。

第一は、フランドル伯領、とりわけその都市の勢力である。ただ、これについては仏王位継承問題と深く関わるため後で詳しく述べる。

第二は、スコットランド王である。そのイングランド王権に対する関係は、イングランド王のフランス王権に対する関係に似ている。十二〜十三世紀を通して、スコットランド王はイングランド北部に所領を持ち、これをイングランド王の家臣として領有した。しかし、十三世紀末、フィリップ四世がアキテーヌへの介入を加速し始めたまさにその頃、エドワード一世はスコットランド王の領地とともに王位継承問題に介入し始めた。

これに対して、スコットランド王は対英戦争を戦うため、一二九五年にフランスと軍事同盟を締結した。フランスも同盟を通じて、イングランド王を牽制《けんせい》できると期待した。しかし、折しも仏王家交代の翌一三二九年、スコットランドではわずか五歳のデイヴィッド二世（位一三二九〜七一）が即位した。これを機に英軍がスコットランドに進攻した。デイヴィッドは一三三四年五月、フランスとの同盟を頼ってフィリップ六世のもとに亡命した。

第三はロベール・ダルトワという人物である（ダルトワは「アルトワ［地方］の」という意

味)。フランスの北部に位置し、アラスを中心とするアルトワ地方は、一二三〇年代、ルイ九世の時代にカペーの王族が治める伯領となった。一三〇二年に相続争いが起こり、敗れたのがロベール・ダルトワである。

ロベールは伯領相続を求めて一三〇九年、一八年、三二年と三度にわたり、国王宮廷に訴訟を持ち込んだ。二度目の訴えの前後には、フィリップ六世の妹ジャンヌと結婚したため王の支援を期待したが、ついに相続を認められなかった。それればかりか、裁判の過程で敵対するおば(父親の姉か妹)のマオに対する毒殺や文書偽造の容疑をかけられ、王国追放と財産没収の刑を宣告された。ロベールは王に裏切られたと考えた。刑宣告後、フランドルとアヴィニョンに亡命し、最後は商人に変装して渡英した。フロワサールの『年代記』は、ロベールが一三三六年、エドワード三世に対して仏王位継承権の要求を唆《そそのか》したと伝えている。英仏両王は、ともに相手方が敵対する人物の亡命を受け入れ、匿《かくま》うこととなった。

エルサレムからの旋回

一三三六年、フィリップ六世はエドワード三世に十字軍遠征を呼びかけた。読者のなかには、十字軍は一二七〇年、第七回で終わったと教えられた方も多いだろう。実は、教皇庁はその後も十字軍遠征を計画し続けていた。そもそも、なぜフィリップはエドワードを誘ったのか。双方の兵を聖地エルサレムに向けることで、対立の緩和を図ったのか。あるいは、十字軍を率いることで教会と民衆の支持を得ようとしたのか。前述のパオロ・エミリオは、エドワードが呼びかけを無視したことを百年戦争勃発の直接の原因とみなした。

しかし同年三月、アヴィニョン教皇ベネディクト十二世（位一三三四～四二）が待ったをかけた。教皇は、アキテーヌとスコットランドの問題を解決するまでは、十字軍遠征を許さないとフィリップを戒めたのである。この時、フランスの船団は地中海岸のマルセイユに停泊していた。しかし、教皇の訓戒を受けて、船団は夏以降、エルサレムとは逆方向に向かった。冬には英仏海峡に入り、フランスの同盟国であるスコットランドがこれに呼応した。この動きがきっかけとなり、翌年の春以降、これまで個々に緊張を帯びてきた英仏間の争点がドミノ倒しのようにつながり、一挙に爆発した。

一三三七年五月、エドワード三世は大陸に同盟者を募りながら、フィリップ六世に対してスコットランド支持の停止とともに、ロベール・ダルトワの平和的帰還とアキテーヌ領有をめぐる諸権利の法的解決を迫った。最後通牒《つうちょう》ともいえよう。対するフィリップは、ロベール・ダルトワの引き渡しを拒否するエドワードに対して、五月二十四日、アキテーヌ公領の没収を宣告した。八月二十六日、今度はエドワードが神聖ローマ皇帝ルートヴィヒ四世（位一三二八～四七）に、「現在、フランス王として振る舞っている」フィリップ・ド・ヴァロワに対する軍事同盟を呼びかけた。十一月初めには、フィリップに宛《あ》てて「自称フランス王」の文言を入れた書簡をしたため、リンカン（イングランド中東部）司教ヘンリー・バーガーシに託した。それは、フィリップに主従関係の破棄を叩《たた》きつける書簡であった。事実上の宣戦布告である。

歴史研究では、これらの出来事をもって「百年戦争の勃発」とみなしている。

フランドルの資金力

読者の多くは、フランドルの羊毛取引と仏王位継承の問題はいつ出てくるのかと、待ち構えているのではないか。しかし、その前に戦争は勃発してしまった。高校世界史でも大半の教科書が取り上げるこの二つの争点は、戦争の勃発にどのように絡んでいたのだろうか。

フランドル（仏語名で、英語ではフランダース）は、現在のフランス北部からベルギー、オランダへと至る地域にあたる。そこでは、羊毛を加工し、主に高級衣服として売り出す毛織物産業が盛んであった。都市化が進んだ西欧随一の産業地帯である。

原料となる羊毛はイングランド北東部のヨークシャー地方から輸入された。しかし、フランドル伯ルイ・ド・ヌヴェールはフランス王の家臣であった。伯が貴族と商人を通じて諸都市を統制する一方で、毛織物職人を中心とする市民層はイングランドとの良好な関係を望んだ。それは、羊毛を輸出する側のイングランド王エドワード三世も同様である。

なぜなら、エドワードにとって交易関係はもちろんだが、三倍の国力を持つフランスと戦うためには、大陸に同盟者を持てるか否かは死活問題であった。フランドル伯領はドーヴァー海峡を挟んで大陸への最短距離に位置した。そこは是非とも確保しておきたい。逆にいえば、仏側はフランドル伯への統制を緩めたくはない。エドワードの妻フィリッパは、フランドルの南方、神聖ローマ帝国に属したエノー伯領の出身であった。それらの支援を背景に、エドワードはイングランド産羊毛の加工を生業とする職人層を揺さぶった。

エドワードは十字軍計画が頓挫《とんざ》した直後の一三三六年八月、フランドルへの羊毛輸送船の出港を停止した。職人の収入源を脅かし、対仏同盟への参加に同意させるためである。住民の五九％が織物産業に従事したヘント（現ベルギー）には失業者が溢《あふ》れた。指導者のヤーコプ・ファン・アルテフェルデに率いられた市民は、親仏路線のフランドル伯ルイに対して蜂起した。それは一三三七年十二月、エドワードの臣従破棄宣言の翌月のことである。その後、ヤーコプは毛織物生産のライバルであるブルッヘ（仏語名ではブリュージュ）やイープル（ともに現ベルギー）などを巻き込んでフランドルを制圧し、エドワードとの連携を模索していくこととなる。

カペー王家の断絶

時間を巻き戻そう。一三二八年二月一日、カペー王家のシャルル四世（位一三二二～二八）が男子を残さずに死去した。だが、王妃ジャンヌは懐妊しており、生まれてくる子の性別を確認することとなった。それまで、当面はシャルルの父方の従兄であるヴァロワ伯のフィリップが摂政に立てられた。四月一日に誕生したのは女児であった。ここで、約三四〇年間、途絶えることがなかった直系（王を親に持つ）の男子がいなくなった。重臣会議は協議の末、摂政のヴァロワ伯を王に選んだ。フィリップ六世の誕生である。

『フランス大年代記』は、フィリップの孫であるシャルル五世（位一三六四～八〇）が編纂《へんさん》を命じたこの時代の基本史料である。そこには、パリ近郊のサン＝ドニ修道院において書き残されてきた複数の年代記の記事が集められ、整理・統合された。この官撰《かんせん》年代記は、フィリップの国王選出の記述にあたって、その血縁関係をくどくど記しながら、「娘は王国を相続できない」と述べている。しかし、当時の仏王家には日本の皇室典範のような法典も、明確な王位継承順位もなかったことだけは確認しておきたい。

イングランドでは前年、エドワード三世が王に即位していた。エドワードの母イザベルは前述のようにフランス王フィリップ四世の娘で、その息子エドワードはフランス王の孫となる。そもそも、なぜ英仏王家間でこんな結婚が成立したのかを今一度確認しておこう。王を含めた西欧中世の貴族は、領土の拡大、地位の上昇、同盟や休戦の証(人質)として、帝国や王国の境界を越えて婚姻関係を結んだ。エドワード三世の父母は、一三〇三年のパリ平和条約において、英仏友好の証として結婚していたのだった。

ただし、カペー家が断絶した一三二八年、エドワードは十五歳。前年に父王が廃位されたばかりで国内は混乱していた。フランスに介入している余裕はなかった。だが、エドワードは一三二七年の国王即位後、三〇年に親政を開始し、前述の王家内外のさまざまな経緯を経て、一三三七年には戦争が勃発した。さらにその三年後、エドワードはヘントの市場においてフランス国王への即位を宣言した。一三四〇年二月六日のことであった。その意図は何だったのか。『フランス大年代記』とともに、十四世紀を記述した『初期四代ヴァロワ年代記』など仏側の年代記は、はっきりと答えてくれない。これに対して、フロワサールは次のエピソードを伝えている。

「陛下がフランス王を名乗れば」

一三三九年十一月、エドワードとフランドル諸都市の代表団がアントウェルペン(現ベルギー北部)に集まった。席上、都市の代表団が提案した。「陛下はフランスの紋章を身に着け、これをイングランドの紋章と合わせて四つに分けます〔クレシーの戦いを描いた六四頁の図を参照――筆者注」。陛下がフランス王を名乗れば、我らは陛下を正当にフランス王とみなし、フランス王として服従いたします」。エドワードは「未征服の土地の権威と紋章」を背負えば、どうなるだろうかと躊躇《ちゅうちょ》した。しかし、家臣たちとの協議の末、公式には前述のように翌年の二月六日、ヘントにおいてフランス王への即位を宣言した。

フロワサールの記述は、伝統や形式を重んじる一方で、計算高いヨーロッパ中世人の気質を生々しく伝えてくれる。しかし、右のエピソードのように出来過ぎと思える記事も少なくない。この時、エドワードとフランドル諸都市のあいだでは、毛織物交易や税制上の措置に関する協定も結ばれた。仏王位請求に関する提案も、通商協定に関する交渉のなかから浮上してきたものと考えられる。

つまり、イングランドからの羊毛供給はフランドル諸都市の生存に直結した。だからといって、諸都市がエドワードと表立って同盟を結ぶことは容易ではない。彼らの主君たるフランドル伯ルイもエドワード三世本人も、フランス王の家臣なのである。ただ、エドワードがフランス王、つまりフランドルの主君となれば、堂々と援助することができ、羊毛も確保することができる。フランドル都市にはそんな思惑があったと思われる。

一方、カペー王家の断絶からすでに一二年の歳月が流れていた。エドワードが本気でフランス王になろうとしたとは考えにくい。前述のアミアンでも、忠誠宣誓までは拒否しなかった。さらに、エドワードがフランドルからの資金援助を狙っていたとしても、即位宣言は少々リスクが大きいようにも思われる。このあたりの疑問には、いずれ立ち戻るとしよう。

ありふれた戦争

イギリスとフランスは、十八世紀後半にそれぞれ産業革命と市民革命を成し遂げた国である。その姿を思い浮かべると、両方の王位を求めたイングランド王エドワード三世の行為は、大それたものと思われるかもしれない。たしかに、すでに十三世紀には、「教皇は太陽、皇帝は月」の言葉で知られるローマ教皇インノケンティウス三世（位一一九八〜一二一六）が、フランス王は世俗の王には服さないと宣言した。フランス王国は由緒ある大国とみなされていた。

しかし当時、女系の血統を根拠に王位を要求・取得することは珍しくなかった。一一五四年、プランタジネット家のアンリがイングランド王位を継承した（ヘンリー二世）のは母方の血筋による。その曽孫《ひまご》であるエドワード一世は、スコットランド王国に対する支配権を要求した時、王女マーガレットと自身の息子との結婚を成立させている。フランス王もブルゴーニュやシャンパーニュといった重要所領を、女系を介して継承した。これらに伴って、一人の王が複数の王位を兼ねることも珍しくはなかった。

「金印勅書」（皇帝選挙に関する手続きを定めた）で有名な神聖ローマ皇帝カール四世（位一三五五〜七八）は、同時にボヘミア（現在のチェコ）王であった。百年戦争が始まる前であるが、前述のフランス王フィリップ四世はナヴァール（ピレネーの南西山麓《さんろく》）王を兼ねた。一四三三年、神聖ローマ皇帝に登ったジギスムント（位一四三三〜三七）はハンガリー王およびボヘミア王も兼ねていた。イベリア半島においては、一四七九年にアラゴン王国（北東部）とカスティーリャ王国（中央部）が合併し、スペインの原型が生まれた。こうした王国の連合は以後、減るどころか増えていった。

王位継承問題のみをクローズアップすれば、百年戦争は特に勃発時においては、中世ヨーロッパのごくありふれた、月並みな戦争だったという見方もある。

エドワードの胸中

読者の目には、どの争点が戦争勃発において最も重要と映っただろうか。最後にエドワード三世の胸の内をもう少し考えてみよう。

エドワードは、ヘントにおいてフランス王への即位を宣言した二日後の一三四〇年二月八日、フランスの全住民に宛てて書簡を発した。ヴァロワ家のフィリップが王国と王位を「不当に占拠」している。しかし、カペー王家の血統に近いのは自分の方だ。自分が王になれば、これまでのやり方でフランスを統治し、十字軍親征の実行を約束する——という内容である。フランス王への即位にあたってのマニフェスト（公約）といってよい。

これまでの経緯を知っている我々からすると、この書簡には不思議な点がある。重要な前提が書かれていない。書簡は、アキテーヌの問題について沈黙している。つまり、エドワードがフィリップの家臣であるという前提が抜けている。ただ、争いの最中、本音は言い出しにくいものである。エドワードもそうだったとすると、英大陸領の問題が書かれていない理由にも納得できる。だとすると、やはり大陸領の問題が戦争の真の動機だったのか。しかし、これは推測にすぎない。ただ一ついえることは、エドワードが英大陸領という長年のかつ厄介な争点にふれずに済んだのは、仏王位継承権という切り札を持っていたからであった。

仮に、エドワードが王位継承問題以前の祖父エドワード一世のように、アキテーヌ公領の独立を目指す家臣として戦うとしよう。フランス王はどう対処するだろうか。エドワードに不誠実な反逆者という烙印《らくいん》を押し、王国内外にその悪行を喧伝《けんでん》したに違いない。そうなると、フランドル諸都市やアキテーヌの地元貴族はエドワードに協力しただろうか。今度は彼らの方が反逆者として扱われる恐れがあるのだ。

これに対して、建前だけでも自分こそがフランス王である、しかしフィリップに「不当に」奪取されていると被害者面をすればどうだろうか。近頃、何かと口出ししてくるフランス王権に不満な勢力は、これをフランス王に抵抗する口実として利用しようと考えたとしても、おかしくない。また、エドワードがメンツを重んじたという人物評を信じるならば、彼がアキテーヌ公というフランス王の家臣としてよりも、対等な権利を要求する「対立国王」としての戦いを選んだ可能性は高い。

フィリップも以後のフランス王と首脳部も、このあたりのことは十分承知していたと思われる。その証拠に、イングランド王による仏王位請求にまともに取り合うことはなかった。相手にして王位の正統性が争われるだけでも厄介である。仏側は戦争以来、英大陸領をめぐる主従関係を強調し、臣従礼の挙行を要求し続けた。

改めて、百年戦争の原因は何か。戦争を仕掛けた英側の目的は何で、なぜ戦争を始めたかを重視すれば、英大陸領をめぐる主従関係の清算と考えるのが妥当である。しかし、「一〇〇年」かどうかはさておき、なぜ戦争はこうも長期化したのか。それは、主従関係の清算という難題が、仏王位継承問題を交渉カードとして争われたからである。もしこの王位継承問題がなければ、後世の人が「百年戦争」と名付けるほどの戦争とはならなかっただろう。

第一章　イングランドの陸海制覇

――一三三七～五〇年

この章の主な登場人物

■エドワード3世（1312～77）
プランタジネット朝のイングランド王（位1327～77)。開戦以来、母イザベラ（フィリップ4世の娘）の血統を根拠にフランス王位の継承権を主張して戦った。

■フィリップ6世（1293～1350）
ヴァロワ朝初代のフランス王（位1328～50)。貨幣改鋳を繰り返したため、贋金造り王と皮肉られた。

■モンフォール伯ジャン（1294頃～1345）
フランスの貴族。西仏のブルターニュ公ジャン3世の異母弟。シャルル・ド・ブロワと継承戦争を戦った。

■シャルル・ド・ブロワ（1319～64）
フランスの貴族。母はフィリップ6世の妹マルグリット。ブルターニュ継承戦争でモンフォール伯ジャンと争った。

■エドワード黒太子（1330～76）
イングランド王エドワード3世の子で王太子。武勇にすぐれ、クレシーの戦いにおいて司令官として活躍。

■ヨハン・フォン・ルクセンブルク（1296～1346）
ボヘミア王（位1310～46)。神聖ローマ皇帝ハインリヒ7世（位1312～13）の子。息子はのちの神聖ローマ皇帝カール4世（位1355～78)。娘グータをフランス王太子ジャン（のちのジャン2世）に嫁がせた。

1　エドワード三世軍とフィリップ六世軍の開戦

「決戦は金曜日」

英仏両軍は一三三七年以降、北仏、アキテーヌ周辺、イングランド南海岸において襲撃や略奪を試みながらも、二年半ほどは直接対決に至らなかった。百年戦争における開戦、つまり双方の王が率いる正規軍が対峙《たいじ》したのは、一三三九年九月末から十月である。英軍が現在のフランスとベルギーの国境付近、北仏のカンブレー周辺を攻撃した直後のことである。すでに武力行使は始まっていたにもかかわらず、なぜここが開戦なのか。フロワサールの『年代記』は、十月二十一日頃の英軍の動きを伝えている（以下、史料引用中の〔　〕内は筆者補足）。

〔英軍の〕伝令官が出発し、騎行し、フランス人のキャンプに辿《たど》り着いた。王と顧問官のもとに参じ、一字一句、メッセージを告げた。フランス王に対して、イングランド王は戦場にとどまり、軍対軍の会戦を求めておられる。フランス王は求めに応じ、進んで日にちを聞き、受け入れた。その日が水曜日だったので、決戦は金曜日だったと思われる。伝令官は〔英軍のテントに〕帰った。彼は、フランス王と殿たちが、彼の告げた良き知らせのために贈った良質の毛皮のマントを羽織った。

フロワサールの『年代記』と同時期のエドワードの書簡のあいだで、日付の混乱もあるが、決戦日は十月二十三日と決まり、一万二〇〇〇人の英軍に対して、二万五〇〇〇人の仏軍が約六～七キロメートルを隔てて対峙していた。現在、国際連合憲章は加盟国に対して、原則として武力行使を禁止している。これに対して、かつてのヨーロッパでは戦争は合法であった。特に、その守るべきルールの一つとして、攻撃開始時には相手国に事前通告することが成文化されていた時期もあった。結局、この時は仏軍の退却により会戦には至らなかったが、この会戦の申し入れと受諾をもって開戦と考えよう。

町を囲み、壁をよじ登る

ただし、こうした挑戦状を交わしての会戦は、百年戦争を通じて数えるほどしかない。それは、この戦争の特徴の一つでもある。これに対して、武力行使の大半は攻囲戦と呼ばれる戦闘形態であった。以下の史料は、戦争中盤の一三八二年、フランス西部のある町をめぐる攻囲戦の記録である。サン＝ドニ修道士が、ややフランス寄りで、英軍の攻囲と住民の抵抗の様子をコンパクトに伝えている。

敵〔英軍兵士たち〕が到着した。彼らは町を返せと催促した。〔フランス陣営の町の〕総督はこれを拒絶し、それなら死んだ方がましだと言い放った。すぐにイングランド人は攻囲を始めた。最初に壁を登った者には、金銭による褒美が約束された。これに気を良くして、たくさんの者が何度も襲いかかった。昼も夜も梯子《はしご》を使って攻撃し、交代でこれを試みた。（中略）攻囲された方は、城壁の高いところから石と砲弾を放ち、壁までよじ登ろうとする者どもをいつも混乱させた。日々、彼らは多くの者に怪我を負わせ、殺害した。ついに、〔町の〕隊長は〔英軍の〕多くの攻撃に疲れてしまった。残った少数の兵では自衛することもできず、急いで〔フランス〕王に状況を知らせた。そして、援軍を送ってくれるならば、今すぐイングランド人と戦うと約束した。この知らせののち、すぐに兵士が集められ、二カ月後に出発した。隊長は援軍に気を良くして、攻囲突破に出て、敵に襲いかかった。（以下略）

登ってくる敵兵を遮《さえぎ》るために、さまざまな物が落とされた。「石と砲弾」のほかにも、十五世紀後半の年代記には、「石、木くず、あらゆる投射物、煮えたぎった水と油」（トマ・バザン）と記されている。ジャンヌ・ダルクを扱った映画は、日本でもいくつかのヴァージョンで楽しむことができる。いずれにおいても、一四二九年、フランス中部オルレアンの攻囲

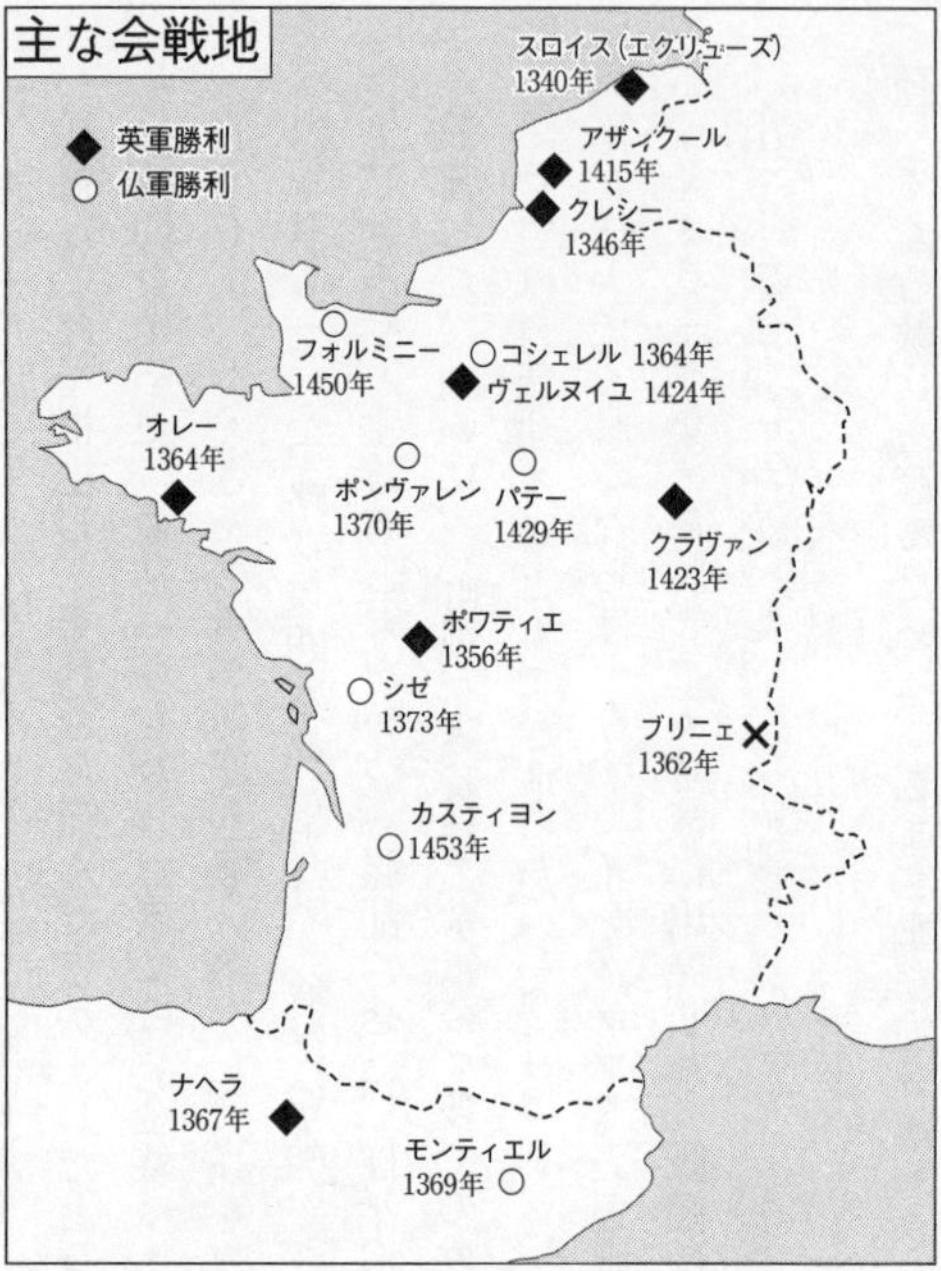

両軍が挑戦状を交わしての会戦は意外と少ない。
G. Minois, *La guerre de cent ans: naissance de deux nations*, Paris, 2008 をもとに作成。

戦が最大の山場だ。この時、町を攻囲したのは英軍であり、仏軍は市民を後方支援しながら、英軍が占拠する塔や砦《とりで》を攻撃した。英軍が上方から放った矢が、梯子を駆け上がるジャンヌの胸と肩のあいだに突き刺さったシーンは有名である。

英仏ともに、こうして眼前に現れた町を攻囲し、また守りながら軍事拠点を確保した。

エドワードの戦争準備

一三三七年二月、エドワード三世は前年に引き続きフランドルへの羊毛輸出を禁止した。翌三月にはイングランド国内において、のちに軍司令官となる者たちに伯の称号を与えた。大陸においては五月四日、岳父（妻フィリッパの父）のエノー伯ギヨーム・ダヴェーヌが動いてくれた。低地地方（当時のフランドル伯領をはじめとする、現在のベネルクス三国）の諸侯を集めて、対仏同盟を立ち上げた。

翌三八年七月、エドワードは軍事同盟を呼びかけていた神聖ローマ皇帝ルートヴィヒ四世から、ある権力を授与された。この当時は、フランス王領とともに帝国領が多数存在した低地地方における皇帝代理権、すなわち皇帝の代理人として振る舞うことのできる権力である。これは、同地に領地を持つ皇帝の家臣たちを動員するうえで大きな助けとなった。

それでは、エドワードの軍にはどんな者たちがいたのだろうか。王に軍役を義務づけられた封建家臣とともに、さまざまな身分と出自の傭兵の比率が高まっていた。一三三三年のウェストミンスター制定法は、十五～十六歳のすべての男子に武器の扱いの習得を命じた。貴族は剣や鎖帷子《くさりかたびら》の装備、平民は弓や槍の訓練を求められた。翌三四年、スコットランド戦線には赦免状取得者、つまり罪を犯したが王に嘆願して恩赦された者たちも参戦した。

しかし、戦争には何かと金がかかる。傭兵への給与だけではない。馬や船の購入、城塞の建築と修繕、イングランド王の場合は大陸常駐軍の維持、同盟者への贈り物も必要だった。両軍はいまだ直接対決に至っていないが、軍を維持するだけで多額の出費が生じた。

エドワードは議会に課税の承認を要請するとともに、輸出羊毛を扱う御用商人の組合を設立した。組合はイングランドにおいて主に羊毛を安値で仕入れ、フランドルなど大陸に高値で売却した。差額分の利益は王に届けられるという仕組みである。エドワードはほかにも、イタリアのフィレンツェにおける銀行家バルディ家やペルッツィ家から多額の借り入れを行った。両家はエドワードの債務不履行が主な原因となり、一三四〇年代、破産に追い込まれた。エドワードはこれらの資金を背景に、一三三八年七月、現在のオランダとベルギーの国境付近に上陸した。

フィリップの戦争準備

対するフィリップ六世は一三三七年五月、英大陸領の没収宣告を経て、冬にはその境界付近への襲撃と略奪を命じた。明くる三八年七月、エドワード上陸の報を受けると、低地地方に向かった。この時、フィリップはオリフラムという軍旗を掲げさせた。オリフラムとは、王国の守護聖人であるサン＝ドニ（St.-Denis）の名が刻まれた赤色の三角旗である。普段はサン＝ドニ修道院に保管され、王はそこで旗を清めたうえで出陣した。戦場ではもう一つ、青地に金色のユリの花弁が描かれた旗が掲げられた。こちらは王家の旗である。

フィリップはこの時、封建家臣と傭兵を中心に英軍の倍近くの兵士を集めた。しかし、資金難にあえいでいたという点ではエドワードと変わらない。フランスでは、イングランドほど組織立ってはいないが、後述する三部会と呼ばれる各身分の代表者集会が開かれた。フィリップはそこで課税の承認を求めた。ほか各種借金や強制貸付とともに、貨幣の改鋳が繰返された。貨幣の額面はそのままで、貴金属の含有量を減らしつつ貨幣の発行量を増やせば、莫大な利益が得られるのである。だが、経済の混乱を招いたため評判が悪く、フィリップは一部の者から「贋金《にせがね》造り（王）」と皮肉られた。

ここにパリ会計院による興味深い試算がある。会計院とはパリおよび各地の諸侯領において、王や諸侯の役人による支出と収入を管理した統治機関である。開戦から半年前の一三三九年三月、王の一カ月あたりの軍事支出は二五万二〇〇〇リーヴルと見積もられた。それは当時における王家の月間収入の約四倍であった。

ここで、中世ヨーロッパにおける貨幣について簡単に説明しておこう。その基本単位を仏語で示すと、一リーヴル＝二〇スー＝二四〇ドゥニエ、英語では一ポンド＝二〇シリング＝二四〇ペンスとなる。それらは、古代ローマの重さの単位であるリブラ・ソリドゥス・デナリウスに対応した。八世紀末から九世紀、経済活動が停滞するなかでフランク族の君主たちは金貨の鋳造を停止し、もはや一ドゥニエ銀貨しか鋳造させなかった。そこでは、一スーがドゥニエ銀貨一二個分、一リーヴルが同じく二四〇個分と計算された。なお、九世紀の時点でドゥニエ銀貨の重量は一・六グラム前後であったが、その後は減少傾向を辿った。

これに対して、十二世紀以降の商業復興のなか、王とともに各地の貴族が造幣所を持つようになる。遠隔地商業が発展した十三世紀のイタリアでは、フィレンツェのフローリン貨、ヴェネチアのドゥカート貨などの金貨の鋳造が再開された。さまざまな型式、重さ、品位の貨幣が入り乱れた結果、実際に流通しているリーヴル・スー・ドゥニエの交換比率は一：二〇：二四〇の比率とは合わなくなっていった。この結果、銀貨であれ金貨であれ、異なる支配者や造幣所において鋳造された貨幣の交換比率を一様に示すことは容易ではなくなった。

そうしたなかでフランスでは、造幣所を王権の統制下に置くとともに、二二ソル六ドゥニエの価値に相当する金《きん》エキュ（またはエキュ・ドール）や同じく一リーヴルに相当する金フラン（またはフラン・ドール）が鋳造された。しかし、百年戦争開始とともに貨幣改鋳が繰り返され、貨幣の混乱はより一層の拍車をかけられた。

神の審判に臨む

中世ヨーロッパの戦争は、二度の世界大戦など近現代の戦争とはいくつかの点で異なっていた。特に、両軍が相まみえる会戦では、勝敗を通じて神の意思や判断が示されると考えられた。勝利は正しい主張をした側にもたらされ、敗北は人々の不正や罪深さに対する神の怒りを伝えた。逆にいえば、戦いを通じて証明されるべき目的や動機の正しさ＝「正義」がなければ、暴力行使は許されなかった。損害の回復や不正除去、犯罪者の処罰などが正しい動機とされた。このような戦いは、神学や法学の書物のなかで「正当な戦争」＝「正戦」と呼ばれた。

とはいえ、最前線で戦った兵士のなかには、正義よりも出征で得られる報酬、戦利品、名声のために戦った者が大勢いたことは間違いない。そのことは、先の攻囲戦に関する記録にあった「金銭による褒美」の文言からも明らかである。しかし、建前であったとしても、戦争の目的が正しいか否かは死活問題であった。戦争を発令する君主にとって、その目的が人々に支持されるか否かは資金集めの成否を左右した。王の戦争が教会によって支持されている場合でも、兵士にとっては、直近の主君により戦利品目的で出征を命じられ、これに従って戦うなかで戦死したとすれば、行き先は天国か地獄か。

前述のように、エドワードの低地地方上陸は一三三八年七月、開戦は翌三九年九月から十月である。期間が空いた背景には、教皇庁が戦闘回避を呼びかけたことに加えて、神の審判を聞くには最良の状態で戦場に臨みたいという英仏双方の思惑があった。

両軍は会戦の際には、兵数・武器・戦列・天候とともに、戦いやすい足場、逃げ込める森の位置、動きやすい斜面の角度などを考え抜いて戦場を選んだ。神の審判を聞くには、信仰において常に敬虔《けいけん》であることも大切だ。開戦時には仏軍が会戦日まで承諾していたにもかかわらず退却した。理由は、その日がイエスの処刑された金曜日であること(『フランス大年代記』)や、フィリップ六世の叔父にあたり、占星術師でもあったとされるナポリ王ロベルトが仏軍不利の判定を下した(フロワサール『年代記』)といったことであった。

一三四〇年二月、エドワードがフランス王国住民に宛てたマニフェスト(三七〜三八頁参照)も思い出してみよう。フランス王国の住民の支持を得るには、不当に奪われた仏王位を取り戻すという大義名分を訴える必要があった。勝利後は十字軍親征を果たすという約束も民意を味方につけるうえでは有効だ。この点で、フランス王への即位宣言が開戦の約四カ月後に行われていることも興味深い。すでに議会で課税を承認され、方々《ほうぼう》から借金をしていたエドワードにとっては、一日も早く戦いの結果を出したい、いや出さねばならない。だが、仏軍の覚悟ができていない。即位宣言はフランドルからの援助を期待しつつ、これでも戦場に出てこないのかというフィリップへの挑発だったのである。

2　少数精鋭の英軍、大軍武装の仏軍

スロイスの海戦

一三四〇年二月末、エドワードはフランス王への即位宣言後、ロンドンに戻った。翌三月、即位宣言に疑問を抱く議会に対して、イングランドをフランスに従属させるつもりはないと説得した。六月二十二日、エドワードは船団を率いて再び低地地方を目指した。

仏軍は王太子ジャン（のちの国王ジャン二世）を先頭に戴《いただ》き、当地の対仏同盟とにらみ合っていた。しかし、エドワード出航の報に接すると、スロイス（現オランダ南西部）沖に急行した。北仏のノルマンディーとピカルディーの船団ほか、カスティーリャ、ジェノヴァ、フランドルの船団を中心にガレー船六隻《せき》、手漕《てこ》ぎの平底船《ひらぞこせん》二二隻、国王船七隻、商船一六七隻が集結した。兵士は実質六五〇〇人ほどだったものの、大軍でエドワードの船団を待ち構えた。六月二十四日の午後三時頃、両船団が接近し、戦闘が始まった。

エドワードの船団は、一二〇〜一六〇隻の帆船から成り、数では仏軍に劣った。しかし、岸に近づきながら、弓兵がフランス船の甲板《かんぱん》に無数の矢を放った。この時、仏軍は船団を三列に並べ、錨《いかり》を下ろして停泊させていたため、すぐに船を出すことができなかった。海から飛んでくる矢に対応することもできなかった。英軍兵士がフランス船に飛び乗り、兵士に襲いかかった。夏至《げし》直後、このあたりの日の入りは午後八時頃である。英軍による殺戮《さつりく》と戦利品漁《あさ》りは日没まで続いた。海戦後の数日間、海にはフランス兵の亡骸《なきがら》と船の残骸《ざんがい》が大量に浮かんだという。

直後のイングランドでは、戦勝記念としてエドワードの肖像入りの金貨が発行された。銘には、「かくて地上に現れたるイエスは彼らのただ中に立てる」と記された。『新約聖書』の「マタイによる福音書」に、イエスが湖の上を歩き、人々がイエスを神の子だと信じる話がある（一四章二二〜三三節）。海戦に勝利したエドワードは、地上に正義を伝える神の代理人であることを超えて、イエス本人になぞらえられた。

誰と誰の戦いなのか

海戦から一カ月後、一三四〇年七月二十七日のことである。エドワードはフランドルの都市トゥールネ（現ベルギーのフランス国境付近）近郊において、再びフィリップに挑戦状を送り付けた。

正戦思想を念頭に文言を読もう。「フランスとイングランドの王、アイルランド領主」エドワードは、フィリップが不当に占拠している「フランス王国という正当な遺産」の返還を求めている。しかし、キリスト教徒として殺戮は避けたい。そこで、一対一の決闘を申し込む。「争いは我々の問題であり、我々のあいだで個人的に解決すること」を求める。フィリップがこれを拒否するなら、「一〇〇人対一〇〇人の戦いによって対立を解決」しよう。それも拒否するなら、「日にちを決めてトゥールネの手前にて軍対軍で戦おう」。

ここでも、戦闘の理由はフランス王国の継承問題とされている。英大陸領のことはふれられていない。くわえて、戦争は王同士の個人間の争いと記されている。それぞれの住民がすでに課税や軍役を通じて戦争に巻き込まれていたことは、いうまでもない。しかし、公式の立場としては、争いはあくまで王対王の問題である。このフレーズが挑戦状の定型だったということもあるが、当時のある休戦協定の条文を見ても、戦争の当事者は「フランスとイングランドの王たち」と記された。それは、フランス王国とイングランド王国の戦争ではなかった。では、終戦に至るまでそうだったのか。大きな問題だが、まずはフィリップの返答を見てみよう。三日後、七月三十日付で返書が発せられた。

余は、フィリップ・ド・ヴァロワ宛の書簡を受け取った。書簡は余の宮廷に届けられ、フィリップ・ド・ヴァロワに対するいくつかの嘆願が記されていた。文面から明らかな通り、書簡は余に差し向けられたものではなく、嘆願は余に対してなされたものではない。よって、余は汝《なんじ》に返信するものではない。

フィリップの主張では、自分は仏王位を正当に継承した。不当に奪ってなどいない。よって、書簡のいう「フィリップ・ド・ヴァロワ」は自分ではない。フィリップとしては、仏王位継承問題を俎上《そじょう》に載せたくはなかった。王位の正統性が争われることは絶対に避けたい。しかし、戦いを拒むとなると、臣民を守らない王とみなされてしまう。いわば悪魔の選択であった。屁理屈《へりくつ》ともいえる返答は、フィリップの苦肉の策だったのだろう。

こんな返答を受け取ったエドワードは、前進するしかなかった。だが、八月末トゥールネの攻略に失敗した。結局、九月二十五日、エスプレシャンにおいて休戦協定が結ばれた。百年戦争では、和平交渉の多くはお互いの領地や陣営の中間地点で行われた。古びた教会などが会場となった。トゥールネ近郊のエスプレシャンは、両軍のキャンプの中間地点だったと思われる。しかし、休戦協定の直後、戦乱は意外なところで拡大していった。

ブルターニュ継承戦争

一三四一年四月三十日、フランス西部に突き出た半島に位置するブルターニュ公領において、公ジャン三世が子を残さずに死去した。一カ月後、継承争いが勃発した。ジャンの異母弟にあたるモンフォール伯ジャン（モンフォール・ラモーリーはパリの西側約四〇キロメートル）と、先代ジャンの姪《めい》の夫にあたるシャルル・ド・ブロワ（ブロワはフランス中部、ロワール川沿い）が争った。モンフォール側にイングランド、ブロワ側にフランスがついた。戦乱は、アコーディオン戦争と呼ばれた朝鮮戦争（一九五〇～五三年）のように、両軍がブルターニュ半島を往復しながら一三六五年まで続いた。

百年戦争においては、英仏の直接対決はそれほど多くない。代わりに、双方の直接支配下にない地域の紛争に両王が介入し、そこから戦局が変化することがあった。第二次世界大戦後の米ソ冷戦時代、アメリカとソ連は直接戦火を交えることなく、朝鮮半島やベトナムなどの紛争を介して対立を深めた。いわゆる「代理戦争」である。

これと同様に、これまでに取り上げたスコットランド独立戦争やフランドルの伯－都市間の争いも、英仏の「代理戦争」として記述されることがある。しかし、英仏両王の動きにばかり気を取られていては、戦乱が拡大したメカニズムを見失いかねない。

王の家臣のストレス

先代ジャン三世の死から一カ月後、一三四一年五月、モンフォール伯はナント、レンヌ、ブレストといったブルターニュ半島の主要都市を制圧した。これに対して、シャルル・ド・ブロワは叔父（母親の弟）にあたるフランス王フィリップ六世を頼った。同年六月、モンフォール伯を相手取り、公領継承権を求めてパリ高等法院に訴訟を起こした。九月、パリではシャルル・ド・ブロワをブルターニュ公とする判決が言い渡されたが、モンフォール伯は引き下がらず渡英した。

エドワードはモンフォール伯の臣従礼を受け入れた。伯の妻がフランドル出身であったことや、ブルターニュ半島がアキテーヌとフランドルを結ぶ大陸への入り口になりうるとの思惑があったのだろう。十一月に仏軍の捕虜になりながらも、妻ジャンヌや使者を介してエドワード三世と交渉を重ね、翌一三四二年十月、軍事同盟を締結した。

実は、パリ高等法院において、シャルル・ド・ブロワの訴えは取扱注意の案件であった。現在進行形で起きている仏王位継承問題への影響が懸念されたからである。

先代ジャンの異母弟であるモンフォール伯は、先々代アルテュール二世を父に持ち、直系の血を引く。対するシャルルは先代ジャンの姪の夫であって、傍系の女性の配偶者にすぎず、血縁関係ではモンフォール伯に及ばなかった。むろん、この時代には仏王家と同様、ブルターニュ公家にも明確な継承ルールなどはなかった。だからこそ、継承戦争が起こった。

こうしたなかで、妻の血筋を根拠とするシャルルの継承を認めることは、間接的だが、仏王位の女系継承を求めるエドワード三世の主張に根拠を与えかねない。高等法院の評定官も聖俗の有力者たちも、厄介な案件だと考えただろう。しかし、王の甥の訴えに耳を貸さない、あるいは訴えを放置するわけにはいかない。ため息をつきながら、ブロワ側勝訴の判決を下した。

十三世紀末以来、土地・貨幣・マンパワーの不足は、王とともに家臣たちをも、いや彼らをこそ直撃していた。彼らは王への奉仕をこなしながら、農民と地代の確保、兵士の略奪からの領地防衛、時には主君の身代金集めに奔走した。ブルターニュ継承戦争（一三四一～六五年）は、二人の高級貴族が公領という由緒ある所領の獲得を争ったために起こり、英仏両王を引きずり込むことで長期化した。そして、両王が彼らの要求を利用することで戦火は拡大した。

休戦協定と平和条約

一三四二年六月、アヴィニョン教皇クレメンス六世（位一三四二～五二）はフランスに二名の枢機卿《すうきけい》を派遣した。枢機卿とは、カトリック世界において教皇に次ぐ高位の聖職者である。教皇を選挙するほか、教皇特使として各地に派遣された。この時、彼らはブルターニュ継承戦争に介入していた英仏両王に戦闘回避を呼びかけた。ただ、クレメンスはかつてフィリップ六世の顧問官だった。顧問官とは員数不定で、聖俗の有力者から成る王の助言者集団である。このため、英側は当初、教皇庁の介入を嫌った。

しかし、冬が訪れ、双方において戦況は好転しなかった。年が明け、一三四三年一月十九日、ブルターニュ半島の付け根に位置するマレストロワにおいて、休戦協定が締結された。九カ月間の戦闘停止とともに、次は教皇のお膝元《ひざもと》アヴィニョンにおいて、平和条約締結に向けて話し合いを再開することが合意された。

ところで、「休戦」と「平和」はどう違うのか。身近な例として、現代の朝鮮半島を考えてみよう。一九五〇年に勃発した朝鮮戦争は、実は今もって終結していない。北朝鮮と韓国は一九五三年の板門店《パンムンジョム》休戦協定以降、休戦状態にあるにすぎない。だからこそ現在、平和条約の締結が世界的に問題になっている。これと約七〇〇年前の英仏の休戦状態では政治的・文化的背景がずいぶん異なるものの、和平交渉が決裂すれば再び戦闘が始まってもおかしくないという意味では同じであった。また、和平交渉が進まず、かつ戦闘でも決着がつかないという中途半端な状態が、果てしなく続く可能性もありえた。

一三四四年十月二十二日、予定通りアヴィニョン講和会議が始まった。枢機卿が英仏の使節団から交互に意見を聞く形式で交渉が行われた。英側はエドワード三世の仏王位継承権の根拠として、仏王家の先祖筋であるフランク人の『サリカ法典』の一法文を示した。いわく「女性はフランクの土地を相続できない」。これを仏王位にあてはめた。女性は王位につくことはできないが（女性相続は不可）、王位を伝えることはできる（女系継承は可能）と、反対解釈を示した。むろん、仏側にとっては論外であった。翌月、交渉は決裂した。

百年の戦争か百年の交渉か

外交儀礼も含めてフランス王権の儀礼に精通する中世史家ニコラ・オッフェンシュタットは、この時代を「百年〈戦争〉」ではなく、「百年〈交渉〉」の時代と名付けた。戦闘に費やされた期間よりも、休戦協定が結ばれ、あるいは和平交渉が進められていた期間の方が若干長かった。むしろ、戦闘は和平交渉が決裂した時、あるいは逆に交渉で相手の譲歩を引き出すためにこそ仕掛けられた。

では、英仏の和平交渉において、なぜ教皇庁があいだに入ったのか。中世ヨーロッパ世界では理念上、世俗世界においては王（King）の上に皇帝（Emperor）がいた。戦争後半には、神聖ローマ皇帝が交渉を取り持つこともあった。しかし、戦争は正しい目的であれば正戦として容認されたが、聖書の言葉を思い出そう。「殺してはならない」「敵を愛しなさい」「剣

アヴィニョン教皇宮殿　手前の橋と城壁、奥の宮殿を含む街一帯が世界遺産に登録されている。

をさやに納めなさい」。戦争は罪深い行為であり、教会はそれを放置するわけにはいかない。

教皇庁といえばローマのバチカン市国を連想するだろう。しかし、長い歴史において教皇庁は一度だけローマを離れた。百年戦争の序盤・中盤期、教皇庁はすでに述べているようにアヴィニョンという町に置かれた。そこは現在の南仏に入るが、フランス王国に属したことはなく、教皇庁はこの地を一三四八年にプロヴァンス伯から買い取った。教皇庁の移動は従来、古代イスラエルの民が経験した苦難になぞらえて、教皇の「バビロン捕囚」と呼ばれてきた。しかし近年では、教皇庁がローマ市内の権力抗争を嫌い、また激化する英仏対立に対処するため、自発的にアルプスを越えたといわれている。

ただし、その英仏間への介入は強制的なものではなかった。教皇は一定の基準に従って白黒をつける「裁判官」ではない。お互いの事情を聴いて、「罪」や「魂の救済」といった観点から解決策を探り、和解案を示す。王たちはそれを受け入れずに、やはり戦うということもできた。それは「調停」に近い。つまり、英仏両王は必ずしも教皇に意見を求める必要はない。求めたからといって、教皇の意見は絶対ではない。教皇が介入しても、両王はメンツを保つことができた。実際、教皇による和平仲介の試みは大半が失敗に終わっている。

クレシーの戦い

アヴィニョン講和会議の決裂から一年を待たずして、一三四五年夏頃よりエドワード三世は再びフランス遠征を計画した。今度は三方面からの上陸作戦である。アキテーヌからダービー伯ヘンリー・オヴ・ランカスターが、フランドルからはエドワード親征軍が上陸し、ブルターニュではモンフォール伯ジャンの協力を得るという計画だった。

しかし、ここで想定外の事件が起きた。同年七月十七日、エドワードが上陸予定だったフランドルにおいて、同盟者ヤーコプ・ファン・アルテフェルデが都市間の抗争のなかで暗殺されたのである。エドワードは遠征延期を余儀なくされたが、アキテーヌからの英軍上陸は予定通りに実行され、秋以降、フランス中部のポワティエまで北上した。エドワードも翌四六年七月十二日、ノルマンディー経由で上陸に成功した（後述）。

フィリップ六世はエドワード上陸の報を受け、二週間後、サン＝ドニにおいて軍旗オリフ

クレシーの戦い　左側の仏軍が右側の英軍から逃走する。手前には仏軍の弩と英軍の長弓、英軍の先頭の騎兵は英王家と仏王家の混合旗を掲げる。フロワサール『年代記』(15世紀末の写本)より。

ラムを取り、七月二十九日に全臣下に召集令を発令、八月十五日に英軍に対してパリ南方での会戦を申し入れた。しかし、開戦時と同様、両軍は北仏のソンム川を挟んで対峙しつつも、有利な地を求めて移動し続けた。ようやく、英軍が土地の起伏などからクレシーの地を選び、八月二十六日、開戦に至った。陸上での初めての会戦となった。

英軍は、前方中央に歩兵、後方には一列目にエドワード三世の長男、通称エドワード黒太子《こくたいし》の軍、二列目に王の親征軍という戦列を組んだ。両翼には長弓兵が構えた。長弓（ロングボウ）とは、弓幹《ゆがら》（弓の木・竹の部分）が長く、軽量の弓のことである。その迅速な射撃が英軍の特徴だ。兵数は約一万人、戦列はスコットランド独立戦争で実戦経験済みであった。

百年戦争期の戦場で活躍した人物として、エドワード黒太子はジャンヌ・ダルクと一対で語られるほど有名である。また、騎士道の模範的人物としても高い人気を誇っている。黒い甲冑《かっちゅう》を着用したため、「黒太子」（the Black Prince）と呼ばれたといわれることが多いが、その根拠ははっきりしない。確実なのは、十六世紀にイングランドの年代記にそう呼ばれたのが初めてだということである。また、彼は太子と呼ばれたものの、父エドワード三世より先に死んだ（四十五歳で病没）ため、国王「エドワード四世」として即位することはなかった。その後、薔薇戦争期にヨーク家からエドワード四世（位一四六一～七〇、七一～八三）が即位するが（二四七頁参照）、両者を区別するために「黒太子」のあだ名が生まれたとする説もある。

仏軍は、前方中央にジェノヴァの弩兵《どへい》を配した。弩《いしゆみ》（クロスボウ）という武器は、専用の太い矢を発射する重量の弓である。装備に時間はかかるが、破壊力は抜群であった。両翼には王太子ジャンの岳父でボヘミア王のヨハン・フォン・ルクセンブルク率いるドイツおよびボヘミアの騎兵が構えた。後方には王と諸侯の騎兵が控えた。兵数は英軍の倍の約二万人、重装備の騎兵中心の部隊であった。

戦いは夕方から夜にかけて行われた。仏軍の弩兵が発射に手間取っていると、英軍両翼の長弓兵が大量の矢を放った。仏軍内では、弩兵と騎兵が次々と倒れたことで、後方部隊が前進できず、混雑は頂点に達した。そこに、エドワード黒太子ほかイングランドの騎兵がとどめを刺した。王弟アランソン伯シャルル、フランドル伯ルイ・ド・ヌヴェール、ボヘミア王ヨハンなどを筆頭に、仏側の死者は一五二四人を数えた。対する英側の死者は歩兵と弓兵を中心にわずか数十人。英軍の圧勝であった。

カレー占領からペスト到来へ

英軍の進撃は大陸だけではなかった。二カ月後の一三四六年十月十七日、ブリテン島ではイングランドの北部、ダラム近郊のネヴィルズ・クロスにおいてスコットランド軍を撃破した。この戦いは、クレシーの戦いの直前、フィリップ六世からの要請でスコットランド側が始めたものだったが、英軍が勝利し、国王デイヴィッド二世を捕虜に取った。この頃、エドワードの宮廷礼拝堂付き司祭トマス・ブラッドワーディンは、兵数で劣る英軍の勝利は徳の勝利であり、敵の不正に対する勝利であると、正戦論を交えた説教を行った。

大陸では、英軍はクレシーの戦い後も北上を続けた。目標はフランス北端の港町カレーである。ドーヴァー海峡に面し、ブリテン島と大陸が最接近する地点の大陸側に位置する。この英仏の出入り口は、双方とも確保しておきたい。

クレシーの戦いから一〇日足らずの九月四日、英軍はカレー攻囲に着手した。ボルドーに次ぐ、第二の上陸拠点とするためである。しかし、占領には至らなかった。冬が過ぎ、敗戦から立ち直ったフィリップ六世は翌一三四七年三月十八日、一万五〇〇〇人の兵士とともに北上する。六月末、両軍は一〇〇キロメートルほどの間隔で接近し、その後さらに軍を進め、七月末にはカレーの手前一〇キロメートルまで迫った。仏軍による逆襲開始寸前のところ、ここで教皇庁が待ったをかけた。

クレシー後初の和平交渉が始まった。しかし、仏側はアキテーヌの独立を認めず、交渉は決裂した。英軍はカレーへの攻撃を再開する。攻囲開始から一一カ月後の一三四七年八月三日、住民はついに降伏した。彫刻家ロダンが制作した作品「カレーの市民」は、この時、英軍の攻撃を止めるために人質として差し出された六名の名士を表現している。フィリップは戦況不利を悟って、教皇庁に仲介を要請した。九月、カレーにおいて約九カ月間の休戦協定が結ばれた。

この年の暮れ、疫病ペストがイタリアに上陸した。南仏のマルセイユに続いて、翌一三四八年八月にパリ、十一月にはロンドンに到来した。こうしたなかで、カレー休戦協定は同年十一月と翌四九年の二度にわたり更新された。その間、ペストがパリの人口の四分の一を、ブリテン島では人口の四分の一から五分の二を奪い、各地において戦闘は縮小していった。

3　略奪と徴発、そして課税

フランス王国住民の三重苦

イングランドの約三倍の人口、約二倍の兵力を有するフランスは、なぜ連敗したのか。

フランス国内では、軍の主力を担った貴族が生活態度に至るまで非難を浴び、王の腹心の顧問官は追放された。英仏どちらの主張に正義があったかはさておき、会戦における戦法の違いが勝敗を分けたともいわれる。長弓兵と歩兵を中心に機動力に勝るコンパクトな英軍が、大勢で統制の利かない騎兵主体の仏軍を圧倒したことはたしかである。しかし、ここでは当時のフランス社会のあり方に注目したい。

ヴァロワ朝が始まった一三二八年の時点ですでに、フランス王国の版図は現在の国境に達する勢いだった。しかし、防衛態勢、兵力と金の動員体制、法や裁判のあり方、人心の掌握、どれをとっても統一国家といえるような状態ではなかった。王国は南北から進攻してくる英軍に対処することができなかった。結果、多くの住民が戦乱に巻き込まれた。その最たるものが略奪・徴発・課税であった。百年戦争期における王国住民の三重苦といってもよい。

彼〔エドワード三世〕の軍の二人の将校はボーヴェー〔北仏の都市〕の郭外区の非常に近くを通過したので、〔王の禁令にもかかわらず〕襲撃したい思いを自制することはできなかった。（中略）二人の将校は、狙った獲物を一つまた一つと手に入れ、一団がこっちに行ったかと思えば他の集団はあちらに行き、四方八方の土地で火をつけ、徘徊《はいかい》し、略奪し（以下略）

「火をつけ、徘徊し、略奪し」

クレシーの戦いの直前、ノルマンディーに上陸したエドワード三世軍が、パリの北方付近を通過した時の様子を記している。フロワサールの『年代記』の一節で、英軍兵士の気質や略奪の激しさを物語る文章として、池上俊一によって邦訳もされている。

以後、百年戦争期を暗いイメージで覆った略奪は、何のために行われたのか。敵軍をその足元から崩し、おびき出すため、あるいは略奪によって得られる金品目当てに兵士は戦争に参加したと説かれることもある。しかし、略奪のそもそもの目的は遠征先での日々の食糧や物資を調達、確保することにあった。英軍はイングランドとともにウェールズからも募集さ

略奪の様子　ワイン樽などの飲料ほか、中央の兵士2人は何らかの家財をも持ち出している。『フランスあるいはサン＝ドニの年代記』（1375年の写本）より。

れ、海を越えて大陸へ、そして戦地に向かった。遠征中の食糧などを事前にすべて準備して船で運び、持ち歩くことは現実的ではなかった。

しかし、略奪行為は無制限に許されていたわけではなかった。西洋中世最大の神学者トマス・アクィナスは、兵士が正戦に従事しているならば、敵地での略奪や戦利品獲得を容認した。そこで得られた物品は兵士の報酬とみなされる。しかし、戦争が不正な意図からなされていれば、戦争自体が許されないように略奪も許されない。それは単なる強奪であった。

とはいえ、先にセットで述べられた放火と略奪は、兵士の暴挙を語る年代記の決まり文句でもあった。英仏を問わず、兵士は、住民が一定の金銭さえ支払ってくれれば、攻撃を控えることを約束することもあった。その金銭は、戦闘買戻金《かいもどしきん》や耕作許可金と呼ばれている。

戦乱の世を伝える訴訟記録

英仏のあいだに休戦ないし平和が成立すると、略奪は止《や》んだのか。決してそうではない。休戦などによって公式に戦闘を禁止されると、兵士には報酬も戦利品も入らなくなる。兵士たちは日々の物資を求めて、より一層略奪に明け暮れた。ここに王による徴発が重なって、一三五八年には有名なジャックリーの農民反乱が起きている。しかし、実力行使は最終手段である。人々は三部会で不満を表明し、あるいは身分代表を通じて表明してもらった。時には法廷に訴え、王の宮廷にも赴いた。フランスでは、地方に国王バイイと国王セネシャル、パリに高等法院という王の法廷が組織されていた（一九～二〇頁参照）。

それでは、住民たちは、戦争絡みの損害の賠償や悪者の告訴をパリと地方、どの法廷に訴えればいいのか。原則として、第一審は地方の国王役人に訴えなければならない。そこで裁判が行われなかった場合や、判決などの措置に不服な場合にのみ、パリ高等法院への上訴が許された。ただし、原告であれ被告であれ身分の高い人々が当事者となる案件は、最初から高等法院で扱われた。これまでに登場した大貴族でいえば、アルトワ伯、フランドル伯、アキテーヌ公としてのイングランド王などがこの特権を享受した。また、高位の聖職者や教会もパリ直属特権を有することが多かった。

百年戦争が始まった頃には、ボローニャ（北イタリア）やモンペリエ（南仏）の大学法学部で学んだ者たちが、高等法院の評定官のなかに入り込んでいた。このため、まだまだ貴族が大半を占めていた国王バイイや国王セネシャルに比べ、高等法院への信頼は厚かった。

ただ、当時のフランス王国では現在の六法全書のように、法の分類や法の成文化はほとんど進んでいなかった。裁判はそれまでの前例や、慣習法と呼ばれる父祖伝来で大部分が不文のルールや慣行に従って行われた。前述のように王位継承ルールが明文化されていなかったのも、おわかりだろう。とはいえ、イングランド王との領有権争いがひとまず一段落した一二五〇年代、パリ高等法院では一部の重要案件について訴訟の「要録」が残された。前例を文字のかたちで残し、以後も利用できるようにするためである。こうして蓄積された高等法院の記録集は、人々が百年戦争という戦乱の世をどのように生き、何を主張したのか、その実情の一端を伝えてくれる。

徴発――食糧・馬・城

一三四〇年代、戦争の影響はパリ近郊の修道士や学生にも及んでいた。なぜ、聖職者までもが戦争に巻き込まれたのか。理由は徴発である。

王やその兵士が、戦争に必要な物資を支配下の住民に提供させることは、慣習法によって認められていた。戦場となったフランスでは、食糧のほか馬や宿泊施設の提供、拠点となる城の明け渡しなどが命じられた。とはいえ、徴発の頻度や範囲が拡大すると、各身分代表者が集まる三部会では、王の徴発権の濫発《らんぱつ》に対する不満の声があがってもいた。

一三四四年、パリ近郊、クリュニー大修道院傘下の修道院長とパリの神学生が、戦地に向かう国王軍の徴発行為についてパリ高等法院に告訴した。同年七月十日付の訴訟要録によると、この修道院長は王の特別保護下にあった。このため訴えを第一審から高等法院に持ち込み、こう主張した。パリの神学校に行く途中、「プロヴァンスのジャック」なる兵士に襲われ、「馬から乱暴に地べたに引きずり降ろ」された。お供の者は「修道院長に足を落としてしま」った。ジャックは修道院長らに、「不正で不名誉なことを行い、言い放った」。ジャック一行の行為は王の特別保護権を侮辱しており、処罰を求めたい、と。

これに対して、ジャックは反論する。自分は国王フィリップ六世の弟であるアランソン伯シャルル（六六頁参照。クレシーの戦いで戦死）の徴発役である。伯の遠征先である「ブルターニュで、件《くだん》の馬を、伯に代わって国王軍に連れて行くために〔修道院長一行を〕捕まえたのだ」。そもそも、アランソン伯は王の弟である。本件は、王のいる宮廷で審理されるべきである。当時は、王のいない高等法院は信用ならない、法学を学んでいるとはいえ、平民の評定官に裁かれたくはないという貴族は多かった。ジャックは王の徴発権の正当性を主張しながら、さらに管轄が違うと反論したのである。

高等法院は、本件に対する自己の管轄権を確認したうえで示談を勧めた。双方から一名ずつ名士を交え、改めて話し合いを行うよう提案した。後日、二名の聖職者が入って示談が成立した。英仏の戦乱がブルターニュ半島へと飛び火するなかでの出来事であった。

築城ラッシュ

国王軍の徴発において最大の焦点となったのは、壁・堀・柵《さく》などで囲まれた城塞や砦であった。それらは、兵士の宿泊所や休憩所として使われ、行軍と防衛の拠点となった。開戦以降、王は拠点となりうる城を徴発し、また城壁の建設や修繕を命じた。一三四〇年代には築城ラッシュが到来する。しかし一方で、城壁や塔はその地を治める者たちにとっては支配権力の目に見えるシンボルであり、建設・修理には費用の問題もつきまとった。

北仏の都市ノワイヨンは、パリから普通電車で一時間ほどに位置する。そこは司教都市といって、司教の領主支配権に服していた。十二世紀、市民は司教との闘争の結果、大幅な自治権を獲得していたが、十三世紀中葉以降は王権が都市の統制に乗り出した。戦争勃発の頃には、市民は王に上納金を支払わなければ、自治権を維持できない状態にあった。

英仏開戦から間もない一三三九年、ノワイヨンを通過したフィリップ六世は当地の防衛を固めるべく城壁や堀の修理を命じた。この命令は、都市支配をめぐる司教と市民の対立を再燃させた。スロイスの海戦の頃、一三四〇年八月以降の訴訟要録から背景を考えよう。

王の修理命令の執行は、この地を管轄する国王バイイのルドルフという男に任された。ルドルフは王命を司教ピエールに伝えた。しかし、市民は自治のシンボルである城壁の修理に外部の国王役人が首を突っ込むことを嫌がった。おそらく、話し合いの場が持たれたのだろうが、決裂したと思われる。司教と市民は国王宮廷に出向いた。

市民たちは国王宮廷にいわば直訴し、城壁を修理する権利が自分たちにあることとの確認を求めた。このように「正義」を実現するための「訴訟」ではなく、王の「慈悲」を求めて、宮廷に直接何らかの救済を求める手続きを「嘆願」という。この時、宮廷の嘆願審査官らは、王命の早急な実行を命じたうえで、城壁所有権については判断を保留した。しかし、ここで司教ピエールが独断で行動を起こした。市民に話を通さずに、王本人に申し出て、自身の城壁所有権が明記された文書を獲得した。

困った市民は、もう一つの手段であるパリ高等法院に訴えた。この先、都市の支配を司教に牛耳られても困る。司教を相手取って訴訟を起こしたのである。先の国王文書の撤回とともに、司教が城壁所有権を持たないことの確認を求めたが、国王文書の撤回はハードルが高かった。市民は請求棄却の判決を言い渡された。しかし、市民は引き下がらなかった。一カ月後、証拠を整え争点を変えて再び高等法院に訴えた。現在、城壁を使用しているのはもっぱら市民たちである。よって、城壁修理は王と市民の名のもとに行われるべきである。だが、主張自体に無理があったのか、市民はまたしても敗訴の判決を言い渡された。

城塞の修理には費用も労力もかかる。なぜ、市民はパリに行ってまで、自分たちで修理をしたいと主張したのか。それは、自治のシンボルを取り戻すためであった。王の戦争はそんな市民の積年の野望に火をつけたのである。英仏開戦が住民の生命と財産に危害をもたらしたことは否定できない。だが一方で、ブルターニュ継承戦争を戦った貴族やノワイヨン市民は、戦火を利用して自己の権利の拡大や回復を企てたのである。

南北開催の全国三部会

一三四八〜四九年、ペスト流行のなか前年来のカレー休戦協定は更新を繰り返した。しかし、交渉次第では戦争再開も考えられ、フランス王は軍資金の準備を怠らなかった。

「王は自身〔の領地〕で生計を立てねばならない」。中世ヨーロッパ諸国に伝わる法諺《ほうげん》（法や習慣に関する格言）である。つまり、王は王領からあがる収入のみで、王国統治や家政を運営しなければならなかった。家臣が支配する人々や領地に関しては、王は諸侯、貴族、都市そして教会領主の同意がなければ、課税など金銭や物資を徴集する権利を持たなかった。
しかし、十三世紀以降の対英戦争に必要な兵力は、王領地収入と封建家臣の軍役だけでは賄《まかな》うことはできなかった。かといって、すべての家臣から課税の承認を得るには膨大な時間がかかる。そこで王は、聖職者・貴族・平民、三つの身分代表を一ヵ所に集めて、課税の承認を求めた。すでに何度か登場した三部会という集会である。ここでは、課税の問題を中心に、略奪や徴発に始まり、広く王国統治全般について各地の代表が声をあげた。

三部会の助言を聞く王　国王ジャン２世（中央）が聖職者（左側）に補佐されながら、貴族（右側）の助言を聞く。『フランス大年代記』（14世紀後半の写本）より。

しかし、交通網が未発達ななか、百年戦争が本格化すると、王国各地には英軍とともに仏軍の兵士、さらにはどちらにも属さずに、略奪に明け暮れる兵士が動き回っていた。パリをはじめとして、三部会の開催地に赴くだけでも一苦労である。領主収入も減少しており、旅費も無視できない。このため、全国三部会は王国中央を流れるロワール川を境に南北に分けて召集された。それは、言語や法の違いにも配慮したものだった。

当時より、言語や言葉遣いを意味する仏語はlangue《ラング》であった。このラングの後ろに、南北それぞれにおいて英語のYesにあたる単語をつけて、北部の言葉はラングドイル（langue d'oïl）、南部の言葉はラングドック（langue d'oc）と呼ばれた。このほか、三部会はノルマンディーやブルゴーニュといった、諸侯領や伝統的な地域割りごとにも召集された。こちらは「地方三部会」と呼ばれる。

開戦以降、フィリップ六世は頻繁に全国三部会を開催するようになった。一三四〇年末、王はラングドイル（北仏語圏）三部会において初めて大規模な課税を承認された。当時、三部会は直接税・間接税、さまざまな種類の税を議論し、承認した。この時は、商品の売買に課せられ、現在であれば約一・六七％の消費税に相当する間接税が承認された。この税は、ブルターニュ継承戦争が本格化した一三四三年八月に更新、つまり再び承認された。その後、クレシーの戦いの敗北後、一三四七年十一月にも大規模な税が承認された。

王国住民は、略奪や徴発に加えて、課税を通して戦争へと動員されていった。

第二章　フランス敗戦下の混乱
——一三五〇～六〇年

この章の主な登場人物

■ジャン2世（1319～64）
ヴァロワ朝のフランス王（位1350～64）。フィリップ6世（位1328～50）の子。ポワティエの戦いで英軍の捕虜となる。騎士の模範とされ、善良王と呼ばれる。

■ヘンリー・オヴ・ランカスター（1310～61）
イングランドの貴族、軍人。父は国王ヘンリー3世（位1216～72）の孫のランカスター伯ヘンリー。司令官として英軍を指揮。フランスとの和平交渉も行った。

■シャルル・ド・ナヴァール（1332～87）
フランスの王族。父はカペー家傍系であるエヴルー家のフィリップ、母はフランス王ルイ10世（位1314～16）の娘ジャンヌ。ナヴァール王（位1349～87）。後世、悪王と呼ばれる。

■ゴドフロワ・ダルクール
フランスの貴族。北仏のアルクール伯ジャンの弟。所領問題でフィリップ6世（位1328～50）に反発し、イングランド王エドワード3世に臣従した。

■エドワード黒太子（1330～76）
イングランド王エドワード3世の子で王太子。フランス南西部への遠征を率いたのち、ポワティエの戦いなど司令官として活躍。

■王太子シャルル（1338～80）
フランス王ジャン2世の子。のちのシャルル5世（位1364～80）。ジャン2世の捕囚中、王国統治を代行した。

■エティエンヌ・マルセル（1310頃～58）
フランスの市民指導者。毛織物商家の出身。パリ商人頭に就任し、三部会の平民代表として活躍。ナヴァール王シャルルに協力する。

1　ジャン二世の捕囚

中世最後の騎士王

一三五〇年の春、カレー南方のギーヌ城において和平交渉が再開された。クレシーの戦いを招いたアヴィニョン講和会議の反省から、今回は、仲介役の教皇特使は英仏から一人ずつ指名された。六月十三日、休戦協定が再度更新された。しかし、八月末、イングランドの海岸で両海軍が衝突したことで協定は破られた。九月、教皇クレメンス六世はエドワード三世に書簡を送り、両王の不和はサタン（悪魔）がもたらしたとして、平和条約の締結を求めた。

この間、フランスではフィリップ六世が死去し、九月二十六日、三十一歳のジャン二世（位一三五〇～六四）が即位した。激情的で流されやすく、根に持つタイプ。一方で、ジャンには「善良王」というあだ名が付けられているが、それは勇敢や寛大といった騎士としての資質を備えていたためであった。一三五二年一月六日、敗戦の非難を浴びる家臣たちを鼓舞しようとエトワール騎士団（エトワールは星）を創設した。そこには、エドワード三世が創設したガーター騎士団（ガーターは靴下留め）への対抗意識もあったのだろう。のちの会戦では、みずから捕虜として名乗り出た。

一三五一年一月、ジャンは南北同時に三部会を開催した。パリのラングドイル（北仏語圏）三部会は王の課税要求に対し、休戦中ゆえにその必要はないと拒否した。しかし同月末、パリを中心とする同業組合の規則に関する王令が発せられた。商人であれ手工業者であれ、扱う商品ごとに認可された組合に加入しなければ、原料の仕入れも商品の製作も販売もできなかった。ギルド（英語）ないしコルポラシオン（仏語）と呼ばれたものである。王令は、「疫病による大量死」以後、都市民が人手不足を逆手にとって法外な給料を要求している悪弊を取り締まり、王令違反者に対する罰金を事細かに定めた。一種の軍資金集めといえる。

一方、ラングドック（南仏語圏）の三部会は南仏の都市モンペリエに集められた。三部会は、間接税である売買税とともに世帯ごとに課せられる直接税に同意した。当時、世帯数は各家に必ず備えられていた竈《かまど》を単位に数えられたことから、この税は竈税と呼ばれた。

ギーヌ和平交渉

翌一三五二年の春頃より、仏軍はブルターニュとアキテーヌにおいて攻撃を再開した。しかし、英仏ともに決定打を欠くなか、十二月六日、教皇クレメンス六世が死去、二週間後にインノケンティウス六世（位一三五二～六二）が選出された。新教皇は、アキテーヌに隣接するフランスの王領リムーザン地方の出身であった。英仏和平交渉も経験済みで、さっそく英軍司令官の一人ヘンリー・オヴ・ランカスターに書簡を送った。

余はフランス生まれで、それゆえにフランス王国に特別の愛情を抱いている。しかし、平和のために個人的な思いは脇《わき》に置こう。余はすべての者の利益に奉仕したい。

かくして翌五三年三月より、教皇特使ギ・ド・ブーローニュの仲介のもと、ギーヌ和平交渉が再開した。しかし、フランス人教皇に対して、英側は不信を拭《ぬぐ》い去ることができない。一方、ジャン二世は交渉に圧力をかけようと、講和会議中であるにもかかわらず、アキテーヌの地元貴族たちに攻撃を命じた。その後、アキテーヌ付近での小競り合いと休戦協定の更新が繰り返され、戦局は膠着《こうちゃく》状態に入った。

ナヴァール王シャルル

この頃、英仏間の争いを紛糾させる人物が動き出していた。ナヴァール王シャルル（位一三四九～八七）という人物である。シャルルは父フィリップ（カペー家の王フィリップ四世の甥）からエヴルー伯領（ノルマンディー東部）を、母ジャンヌ（フィリップ四世の孫で、次代ルイ十世の娘）からナヴァール王国（ピレネーの南西山麓）を相続した。容姿端麗、一三歳年上のジャン二世よりも政治感覚に優れ、弁も立った。後世「悪王」と呼ばれた。

シャルルの母ジャンヌは仏王家に対して、深い因縁を持つ女性であった。一三一六年、父ルイ十世（位一三一四～一六）と弟ジャン一世（位一三一六）が死去した時、ジャンヌを差し置いて、王位は叔父であるフィリップ五世（一三一六～二二）とシャルル四世（位一三二二～二八）に継承された。しかし、繰り返し述べるように、この当時は王位継承ルールは明確ではなく、男子への王位継承は慣例を踏襲した結果にすぎなかった。シャルル四世の死去によりカペー家は断絶したが、ジャンヌには何

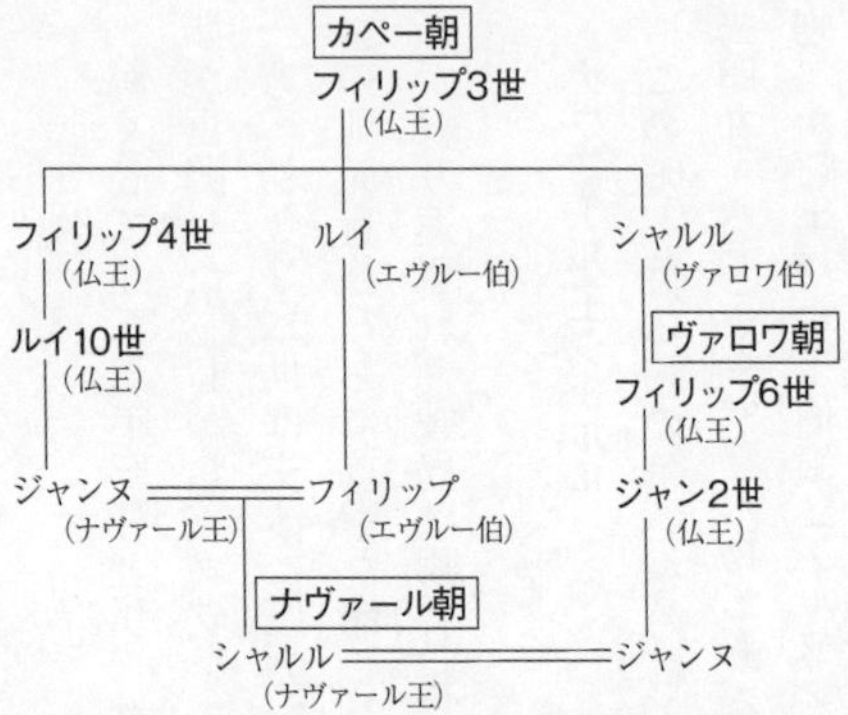

らかの補償が必要であった。
この補償問題がヴァロワ朝への王朝交代後も尾を引いた。一三三七年にはエドワード三世が仏王位継承問題を提起して戦争が勃発した。これに触発されて、同じく仏王家の血を引くナヴァール王シャルルが、補償問題を盾に王位を要求してくる可能性は大いにあった。

英―ナヴァール連合

フィリップ六世はジャンヌに対して、彼女を仏王位から排除した代償として一三二八年ナヴァール王国の相続を認め、くわえて一三三六年にフランス南西部のアングレーム伯領の授与を約束した。しかし、ジャンヌの死後、次代ジャン二世が即位直後にこの約束を一方的に破棄し、伯領をフランス大元帥のシャルル・デスパーニュに授与した。国王軍総司令官の軍功に報いるためであったが、他に適当な土地がなかったのである。しかし、事情はどうあれ、ナヴァール王シャルルへの補償問題が再燃した。一三五二年十月、ジャンは娘ジャンヌ（シャルルの母親とは別人）を嫁がせて、シャルルを改めて王の姻族とし、ジャンヌには莫大《ばくだい》な持参金が約束された。

しかし、イングランドとの戦況も好転しないなか、シャルルへの措置をきっかけに聖俗貴族の不満が爆発寸前の状態となっていた。北仏のパリ、ラーン、ボーヴェーの司教など高位聖職者らがシャルルの下に結集した。彼らの支持を背景に、シャルルは一三五四年一月八日に行動を起こした。アングレーム伯領を受け取った大元帥シャルル・デスパーニュを殺害したのである。対英和平交渉も進まない状況下、国王軍総司令官の突然の死は国王ジャンにとって災厄以外の何物でもなかった。

シャルルは、そんなジャンの心境を見透かしていたのか、直後、英軍司令官のヘンリー・オヴ・ランカスターに使者を送り、次の条件のもと軍事援助を要請した。①英―ナヴァール連合によるフランスへの攻撃、②エドワード三世による仏王位継承、③シャルルへのノルマンディーとシャンパーニュの授与――である。

ジャンは相当焦ったに違いない。すぐに、英仏交渉のため北仏にいた教皇特使ギ・ド・ブーローニュにシャルルとの和解仲介を要請した。結果、ジャンは同年二月二十二日、シャルルによる大元帥殺害を赦免するとともに、ノルマンディー地方から突き出たコタンタン半島付近に多くの領地を授与した。シャルルの作戦は見事に成功した。

ゴドフロワ・ダルクール

百年戦争初期におけるフランスの敗因の一つに、王族を含めフランス王に臣従していた家臣が英側についたことをあげることができる。ロベール・ダルトワ、モンフォール伯ジャン、ナヴァール王シャルルは代表例だ。家格や領地規模では彼らに劣るが、ゴドフロワ・ダルクールという人物の行動もまた、戦乱のあり方をよく物語っている。

アルクール伯家は、ノルマンディー中央部に本領を持つ貴族家門である。その領地は、ナヴァール王が父から相続したエヴルー伯領の近くに位置した。この家門では、英仏どちらの王に臣従するか、父子間あるいは兄弟間で異なることもあった。

戦争勃発直後の一三三八年、フィリップ六世はこの家門に伯の称号を授与した。兄のジャンが伯の称号と本領を、弟ゴドフロワはコタンタン半島に位置するサン＝ソーヴール＝ル＝ヴィコントの城と所領を相続した。しかし、ゴドフロワは満足することができなかった。領地拡大をもくろみ、隣接する家門の娘との結婚を画策した。だが、件《くだん》の娘はフィリップに聖俗の忠臣を輩出していたライバル家門に嫁いだ。これに対して、ゴドフロワがライバルを攻撃すると、フィリップ六世は一三四二年、彼をパリ高等法院に召喚した。

ゴドフロワは出廷せず、渡英した。その後、一三四五年六月十三日、エドワード三世に臣従礼を行う。この時、エドワードはフランドルの政情不安のため、大陸へのルートを遮断《しゃだん》されていた（六三頁参照）。そこでゴドフロワは、みずからの所領のあるコタンタン半島から上陸するよう助言した。作戦は翌一三四六年夏に実行され、クレシーにおける英軍大勝を導いた。なおクレシーでは、ゴドフロワが英側で戦ったのに対して、兄ジャンは仏側で戦って戦死している。

フランス貴族の大反乱

ゴドフロワは一三四六年の年末、フィリップ六世と和解した。かといって、仏側に帰順したわけではない。ジャン二世に代替わりした一三五〇年以降、王と激しく対立していたナヴァール王と行動を共にした。一三五五年、王太子シャルル（のちの国王シャルル五世）がゴドフロワの故郷ノルマンディーの公に任じられた。翌年一月十日、同地の貴族と聖職者は中心都市ルーアンの城に召集され、王太子への臣従礼を求められた。ゴドフロワは、約四〇年前に同地の特権を保証した「ノルマン人の特権状」をルーアン大聖堂の宝物庫から持ち出し、参上した。これを頭に載せて、シャルルに特権状への宣誓を求めた。

シャルルの宣誓はなされなかったようだが、ゴドフロワにとって重要なのはイングランド王かフランス王かという単純な問題ではなかった。自分自身や拠点とする領地の権利を維持・拡大するには、どの主君に仕えるのが得策なのか。その判断と結論は、状況によって絶えず変化した。彼がフランス、イングランド、ナヴァールのあいだで鞍替《くらが》えを繰り返した理由はそこにあった。大小を問わず、貴族たちのこうした態度が戦乱を複雑にした。

このような思惑のもと、ゴドフロワが行動を共にすることとなったナヴァール王は、エドワード三世と同様、仏王位継承権を要求できる立場にあった。その点で、両者の連合がヴァロワ王権に与える脅威は計り知れない。そこに、ゴドフロワのような不満を鬱積《うっせき》させていた貴族が合流する。ここに来て百年戦争は、ヴァロワ王権に対するフランス地方貴族の大反乱という性格を濃くしていった。この反乱の首領が、仏王位継承権という武器を懐に持つアキテーヌ公、すなわちイングランド王エドワード三世であったことはいうまでもない。こうして、戦争は前半戦の山場へと突入していく。

アヴィニョン講和会議

一三五四年二月、ジャン二世はナヴァール王シャルルに譲歩して和解すると、エドワード三世との講和を急いだ。ジャンは、再び教皇特使ギ・ド・ブーローニュに仲介を要請した。交渉の結果、ジャンの使節は休戦協定更新の合意を得るとともに、平和条約について次の提案に署名した。

ジャンはエドワードに対して、アキテーヌとともにその北側のリムーザンとポワトゥー（フランス中部）、アンジューとメーヌ（同西部）、占領間もないカレーを「割譲」する。つまり、エドワードは以後、臣従礼を義務づけられず、それらの地はフランス王国から「独立」していく。この条件のもと、エドワードは仏王位継承権を放棄する。翌年、アヴィニョンにおいて教皇臨席のもと、平和条約締結の調印式を行うことが約束された。

はたして翌一三五五年一月、アヴィニョン講和会議が始まった。しかし、肝心のジャン二世は使節間の合意内容に満足できず、これを破棄した。アキテーヌの「割譲」はありえないと、改めてエドワードに臣従を求めた。英使節たちは激怒し、一人また一人とアヴィニョンを去った。

一方で、講和会議が決裂するかしないかの頃より、各戦線の状況が慌ただしくなっていた。スコットランド貴族は、幽囚の王デイヴィッド二世の身代金交渉を進めながらも、戦争再開の準備を始めた。裏では仏側との打ち合わせがあったのだろう。アキテーヌでは、ジャン二世が総攻撃の作戦を練り始めた。春には、イングランドのヘンリー・オヴ・ランカスターがノルマンディー遠征を計画し、再びナヴァール王と連絡を取り始めた。

夏以降、英軍兵士が次々とフランスに上陸した。南方では九月二十日、エドワード黒太子がボルドーに上陸し、ガロンヌ川支流域に広がるラングドック地方で略奪を繰り返した。北方では十月二十八日、エドワード三世の親征軍が五〇〇〇人の兵士とともに、サンドウィッチ港（イングランド南東部）を出た。目指すはカレーである。ジャン二世は新任のフランス大元帥ジャック・ド・ブルボンをアキテーヌに派遣し、みずからは十月九日、サン＝ドニでオリフラム（赤色の三角旗）を取って北上した。

同年十一月十二日、英仏両軍はカレー近郊のエダンにおいて接近し、挑戦状が交わされた。しかし、会戦は避けられた。エドワードはイングランドに帰還し、エドワード黒太子もラングドック地方からボルドーに戻った。ここで冬が到来する。

ポワティエの戦い

冬のあいだ、ジャン二世は戦闘再開の準備を進めた。何よりも軍資金を集めなければならない。一三五五年十二月から翌年初めにかけて、南北同時に全国三部会を開催した。

パリのラングドイル三部会は、三万人の兵士を雇うため、三・三%の消費税と塩税を承認した（三月に竈税に変更）。ただし、ジャンは課税承認と引き換えに、貨幣改鋳の停止、徴発権の放棄、国王役人ではなく三部会による税の徴収と管理などの条件を呑《の》まねばならなかった。トゥールーズで開かれたラングドック三部会も消費税を承認した。この頃、ナヴァール王シャルルが再びイングランドと接触していたが、四月五日、ジャンはルーアンにおいてその身柄を拘束した。

英軍も始動した。北方では五月、ヘンリー・オヴ・ランカスターがノルマンディーに向かった。南方では七月、エドワード黒太子軍がアキテーヌ残留軍と北上軍に分かれた。北上軍はランカスター軍との合流を目指した。仏軍は英軍の合流を阻止するため、フランスを南北に二分するロワール川の橋を破壊し続けた。しかし、フロワサールの『年代記』によると、英軍は進軍中に捕虜に取った仏軍兵士から浅瀬の位置情報を入手し、渡河に成功した。九月中旬、両軍はフランス中部の町、ポワティエ近郊において一五〇〇メートルほどの間隔で対峙した。

一三五六年九月十八日、英軍は約六〇〇〇人の歩兵を中心にクレシーの戦いと同じ戦列を組んだ。背後に逃げ込むための森、左に沼地という位置を確保した。これは、仏軍の迂回《うかい》攻撃を封じるための位置取りでもあった。仏軍には、騎兵を中心に約一万一〇〇〇人の兵士が結集した。教皇特使はこの日も両陣営を往復し、戦闘回避を呼びかけた。しかし、合意に至らず教皇特使が去ると、翌十九日の早朝、戦闘が始まった。戦いは、仏軍の奮闘があったものの、クレシーの戦いと同じような展開で進み、英軍の圧勝に終わった。

仏側の死者は約二五〇〇人、兵士全体の四分の一に達した。『初期四代ヴァロワ年代記』は戦いの様子を伝えながら、あまりに大量の死者と逃亡者に驚きの色を隠さない。ポワティエの町は殺到する仏軍の逃亡者に対して、城門を閉め切っていた。一方で、中世ヨーロッパの戦争では、敵軍兵士の殺害よりも、捕虜を取ることが優先された。いうまでもなく身代金が目的である。特に、身分の高い者の身代金は高額であった。当時、イングランドはスコットランド王デイヴィッド二世も捕虜に取っていた。

フロワサールの『年代記』の有名な一節を信じるならば、敗北を悟ったジャン二世はみずから捕虜として名乗り出た。王は、アルトワ地方出身の騎士に降伏の証として手袋を渡し、エドワード黒太子のもとに案内するよう命じた。騎士は大喜びである。一方で、『初期四代ヴァロワ年代記』とともに、『フランス大年代記』の後編『ジャン二世・シャルル五世年代記』は、ジャン捕囚の様子を詳しく伝えていない。勇敢に身を守る王の姿を記しているにすぎない。いずれにせよ、敵軍の将の身柄を抑えた英側は以後、圧倒的優位に立った。

2 立ち上がる悪王、商人頭、ジャックリー

賢明王を作り上げた敗戦処理

ポワティエの戦いの頃の西欧世界の人々の大半は、王や議会、首都の様子を直接目にすることはできなかった。彼らは、王の肖像が刻まれた貨幣や王の言葉が記された文書を見たり、居城の様子などを伝え聞いたりすることで、正統な血筋を引く王の存在を感じ取っていたにすぎない。その遠くにいるフランス王が敵軍に囚《とらわ》われたとの報は、人々に大きな衝撃を与えたに違いない。この時、王国の舵《かじ》を取ったのは王の長男で王太子、当時ノルマンディー公を名乗ったシャルルだった。

一三六四年にフランス王に即位したシャルル（シャルル五世、位一三六四～八〇）は後世、賢明王と呼ばれた。父王とは対照的に、騎乗して戦うよりも、屋内で作戦を練ることの方が得意だった。王国統治においては人類の英知を重んじた。アリストテレス『政治学』、アウグスティヌス『神の国』の仏語訳を命じ、ルーヴル砦内に図書室を作った。『フランス大年

代記』の編纂にしても、先代の事績を学び、歴史を共有することが王国繁栄に資すると考えたためである。和平交渉においてシャルルの明晰《めいせき》な議論に苦しんだイングランド王の使節からは、「弁護士王」と呼ばれた。

では、こうした賢明王の性格はいつ、いかにして作り上げられたのか。生来、病弱であり戦に向いていなかったことも無関係ではない。しかし、十八歳の時、捕囚中の父ジャン二世に代わって、敗戦処理を託されたことの影響は何よりも大きい。

一三五六年九月十九日、捕虜に取られたジャンはボルドーに連行された。一〇日後の二十九日、王太子シャルルはパリに帰還し、すぐにラングドイル全国三部会を召集した。十月十五日、パリには三身分で合計八〇〇名の代表者が集まった。ラーン司教のロベール・ル・コックという聖職者が三部会のスポークスマン（代弁者）となった。彼は、①国王顧問官の逮捕と裁判、②王国統治に関する八十人委員会の常設、③ナヴァール王の釈放――を要求した。

ボルドー休戦協定下の大王令

パリの三部会において、ラーン司教とともに三部会をリードしたのが、エティエンヌ・マルセルという男であった。平民代表で当時のパリ商人頭《しょうにんがしら》であった。商人頭は、同業組合の取り締まりやセーヌ川の水上交通の監視など、パリとその周辺の商業に関して広範な権力を行使した。エティエンヌは同業組合のストライキを切り札として、シャルルと交渉を重ねた。この結果、一三五七年三月三日、三部会の要求を反映した「大王令」が発布された。

王令は全六〇条から成った。三部会による国王顧問会の監視、税の徴収と使用の監視、不当な徴発の禁止などが、王太子の名のもとに命じられた。しかし、王の捕囚という混乱のなかで作成されたためか、現実離れした条項も見られた。貴族だけでなく全住民への武装命令は同時期のイングランドでも見られ、連敗直後の措置として理解できなくもない。ただし、聖職者にまでも武装命令したことは反発を招いたに違いない（第四〇条）。

一方、ボルドーでは和平交渉が再開されていた。同年三月二十三日、二年間の休戦協定が締結された。教皇インノケンティウス六世は書簡を発し、「死すべき敵に対する戦争」から「二つの王国の利益に資する平和」への前進として祝福した。五月五日、ジャン二世の身柄はエドワード三世との直接交渉のため、ロンドンのサヴォイ宮に移送された。

休戦協定の知らせは、王の伝令官によってパリに届けられた。しかし、休戦への喜びも束の間、伝令官が三部会の即刻閉会と身代金以外の課税停止を求めると反発が起こった。英側でも、ブルターニュの主要都市レンヌを落としかけていたヘンリー・オヴ・ランカスターが、休戦協定の締結に反対した。英仏とも首脳部と現地スタッフの足並みは揃《そろ》わなかった。この状況に対して、フランスでは三部会に出席する特権身分の代表者とともに、市民そして農民たちが実力行使に出た。

「ナヴァール！　ナヴァール！」

最初に動いたのは貴族身分である。ポワティエの戦いの五カ月前、ジャン二世の命令で監禁されていた「悪王」ナヴァール王シャルルが脱出に成功する。一三五七年十一月九日、三部会の改革派貴族の一人ジャン・ド・ピキニーという人物が手助けをした。二〇日後、ナヴァール王はパリに入城した。翌日、サン＝ジェルマン＝デ＝プレ修道院の門前において演説を行った。ここは現在、パリ市の中心部に残る数少ないロマネスク様式の教会建築である。『ジャン二世・シャルル五世年代記』は、一万人の聴衆が演説に駆け付けたと伝える。この数字は誇張であろうが、王国改革への大きな期待が寄せられていたことは明らかだろう。

これに、エティエンヌ・マルセルが呼応した。エティエンヌ一派はラーン司教やナヴァール王と行動を共にし、翌一三五八年二月二十二日、王太子シャルルの私邸を襲撃した。王太子の軍司令官らの殺害を決行した、まさにテロである。三月十七日、王太子とその宮廷はパリから避難し、王太子派貴族の多くもパリを去った。エティエンヌたちはナヴァール王をパリの新たな支配者に迎えた。

五月二十八日、いわゆるジャックリーの農民反乱が起きた。ギヨーム・カルを首領とする農民が北仏のボーヴェー地方一帯で蜂起した。各年代記が口を揃えて記しているように、貴族身分の者が老若男女を問わず殺害された。年代記作者のフロワサールはその「非道徳的行為」に非難の眼差《まなざ》しを向けている。「見てろよ、見てろよ、貴族の抹殺に手を貸さぬ者に災いあれ」というジャックリーの声を書き留めた。

農民たちの不満の多くは、敗戦をもたらした貴族の所業に向けられた。先の大王令第一六条は仏軍兵士に対して、「チーズ、食台、馬小屋、籠《かご》、布団、干し草、飼い葉」など、軍馬の飼育に必要な物資以外の徴発を禁じた。裏を返せば、大王令が記すように、農民はそれまで「小麦、ワイン、食糧、守備隊、馬の徴発」に苦しんできた。そんな鬱積していた不満が爆発したのである。

ナヴァール王の演説　1358年11月30日、サン＝ジェルマン＝デ＝プレ修道院の前にパリ市民が集まった。『フランス大年代記』（14世紀後半の写本）より。

ただ、貴族と平民は同じ目的を掲げたわけでも、互いに連携をとっていたわけでもない。ナヴァール王は、ジャックリーが急進化すると領主支配の崩壊を恐れた。六月十日、ギヨーム・カルとその一味を殺害する。とはいえ、貴族・市民・農民がほぼ同時期に行動に駆り立てられたのには、何らかの理由があるようにも思われる。

ナヴァール王は、ギヨーム・カル殺害直後の六月十四日、市庁舎において「パリの司令官」という称号を与えられた。『ジャン二世・シャルル五世年代記』はその時の演説内容を伝える。

彼〔ナヴァール王〕は、至る所に白ユリの花が咲き、よく維持されたフランス王国をとても愛しているといった。彼の母が男だったなら、母はフランス王になっていただろう、とも付け加えた。彼女はフランス王の唯一の娘だったのだから。

「ナヴァール！ ナヴァール！」と叫ぶ聴衆に向けての演説である。美辞麗句をそのまま受け取ることはできない。ナヴァール王はパリ奪取を宣言することで、反故《ほご》にされている領地の保障の実行を王太子に迫ろうとした節がある。だが、演説の話題が王位継承問題に及んでいることの意味を考えないわけにはいかない。彼がパリ市民に迎えられたのは、並外れた弁舌や行動力によるものだけではなかった。むしろ、その弁舌は、彼の母が王女だったからこそ力を発揮した。つまり、シャルルは捕囚中のジャンに代わって、王になりうる存在と期待されていた。

エドワード三世が提起した仏王位継承問題は、エリートと民衆を問わず多くの住民を不安に陥れた。ジャン二世の捕囚は、この不安が実現するかのようなムードを醸《かも》し出していた。人々が戴いてきた王はどうなるのか、そんな不安が人々を行動に駆り立てた。

ウィンザー城での協定

この間、ジャン二世をはじめ、ポワティエの戦いでの捕虜たちはロンドンで幽囚の身であったが、貴族としての品位を損なわない程度の生活を送っていた。英仏の貴顕とともに晩餐《ばんさん》会《かい》を開き、狩猟やチェスを楽しんだ。捕囚先で現地の女性と結婚する者も少なくなかった。特に、ジャンは今なお「フランス国王」であることに変わりはなかった。講和会議に出席し、パリの政局や前述の大王令などに口を出した。

一三五七年十一月、ロンドンにナヴァール王脱出の報が届いた。ジャンは一日も早い帰還のために講和を急いだ。翌十二月、ロンドン近郊のウィンザー城において以下の条件で合意を得る。①ジャンは、アキテーヌとともにカレーなどの英占領地をエドワードに「割譲」する。これにより、フランス王国の四分の一強に相当する領地が「独立」する。②ジャンの身代金を四〇〇万金《きん》エキュとする。うち六〇〇万金エキュを翌年十一月一日までに支払う。③身代金完済までは人質を提供する。報告のため、四名の貴族がパリに向かった。

翌五八年一月十九日、王太子シャルルはロンドンからの報告内容をパリの世論を代表する人物や機関に伝えた。しかし、三部会の行方《ゆくえ》を握るナヴァール王とエティエンヌと会見するも、合意は得られなかった。ナヴァール王は自身の補償問題に充てられる領地がなくなることを、エティエンヌは北仏の商業圏が縮小することを恐れて、王国分割を条件とする平和条約案に反対した。パリ大学、都市当局、聖職者団も反対した。二月十一日のラングドイル三部会においては、平和条約案の検討すらせず、戦争継続を訴えた。前述したエティエンヌのテロは、平和条約の締結阻止を目指して、この直後に決行された行動だった。

「道路はふさがれていた」

一三五八年七月三十一日、エティエンヌ・マルセルがこの世を去った。彼はサン＝ドニに滞在するナヴァール王との会見のため、パリのサン＝ドニ門を出ようとした。そこで、王太子派の門番といさかいになり、彼の独裁化を恐れるかつての商人仲間によって殺害された。これを利用して、二日後の八月二日、王太子はパリ帰還に成功する。「ナヴァール王をフランス王と宣言し、ナヴァール派のイングランド人をパリに招こうとしていた者ども」の粛清が始まった（『ジャン二世・シャルル五世年代記』）。

ナヴァール王は、都での支援を惜しまなかったエティエンヌを失って焦った。パリ北方にとどまる英軍と合流し、王太子との戦闘に突き進んだ。この時、彼はロンドンでの和平交渉が進み、平和条約が結ばれることを恐れていたのである。それはなぜか。

エドワード三世にとって、仏王位継承と英大陸領に関して、条件の良い平和条約が締結されれば、どうであろう。ナヴァール王のようなフランス貴族に支援を要請し、金品や領地をばらまく必要はなくなる。ジャン二世にとっても、好条件の平和条約を締結できれば、ナヴァールの背後にいる英軍の脅威そのものが消滅する。むろん、平和条約の締結が容易ではないことはナヴァール王も理解していたはずである。しかし、万が一にも、平和条約が成立し、そこでノルマンディーに広がる自身の領地が譲渡ないし交換されるような事態を恐れたのである。

十一月一日、ジャンの身代金の第一回支払い期日がやってきた。パリの三部会はウィンザー城での合意を認めず、もとより支払うための資金もない。このことを伝え聞いたエドワード三世は十一月二十日、ボルドー休戦協定の破棄と戦争再開を王太子シャルルに通告した。この年の冬から翌春にかけて、英−ナヴァール連合軍はムラン、アミアン、オルレアンなど、パリ盆地を包囲するかのように略奪と放火を繰り返した。

軍資金を集めることのできない王太子政府は、和平交渉の早期妥結を目指すしかなかった。

ロンドンから届けられる和平交渉の内容、特に身代金の徴収方法を審議するため、一三五九年五月十九日、パリに全国三部会を召集した。しかし、「ほとんどの者が召集に応じなかった。知らせが届いたのは遅く、パリにつながる道路の至る所に城塞を持つイングランド人とナヴァール人によって、道路はふさがれていた」(『ジャン二世・シャルル五世年代記』)。

和平交渉の限界

ロンドンのジャン二世はパリの状況について報告を受けると、さらなる譲歩を余儀なくされた。一三五九年三月、英側にウィンザー協定の変更を提案した。特に割譲地については、ノルマンディー、アンジュー、メーヌ、トゥレーヌ、ソンム川河口からカレーに至る沿岸地域の追加割譲を約束した。割譲地はフランス王国の西側のほぼ半分にまで広がった。

五月、前述のパリの王宮で開催された三部会はまたも条約案を承認しなかった。ジャンは、捕囚からの解放という個人的な希望ゆえに譲歩しているとみなされた。代わって、三部会は戦争再開を主張した。一万二〇〇〇人の兵士を召集するための課税にも同意する。パリの動向を知ったエドワードは、状況を打開しようと北仏への遠征計画を練り始めた。

王太子シャルルも、すでに和平交渉の限界を認識していたようである。戦争再開を通告された前年十一月末より、エドワードが仏王位継承権の根拠とした『サリカ法典』について、パリ高等法院の評定官やサン＝ドニ修道士たちに調査を命じた。一三五九年五月から六月にかけて、スコットランドと軍事同盟の更新交渉を行った。さらに戦争再開を予想して、六月以降、ナヴァール王と北仏都市において和解交渉を再開した。

国王戴冠の地ランス

一三五九年八月十二日、エドワード三世は「余の戦争」の再開を宣言した。王本人とともに、息子のエドワード黒太子とヘンリー・オヴ・ランカスターなどの指揮下に、歩兵中心の兵士一万人、二輪馬車一〇〇〇両、船一一〇〇隻がケント（イングランド南東部）沖に集結した。船には二〇〇人の工兵と大工、弓や槍などの武器、塩漬けした魚と肉などの食糧が積み込まれた。大遠征団は予定より二カ月ほど遅れて出港し、十月二十八日カレーに上陸した。目指すはフランス北東部の町ランスである。

パリの東駅から、日本の新幹線にあたる高速鉄道TGV《テジェヴェ》に乗って約四五分。現在、フランスで人口第一二位、ランスという町の名を聞いたことがあるだろうか。そこは歴代国王の戴《たい》冠《かん》の地であった。革命後の復古王政期に至るまで、フランスの王子は父王の死後、ランス大司教の手で聖別《せいべつ》されて（ごく簡単にいえば身を清められて）、初めて正式に「国王」となった。エドワードはそこで、フランス王としての戴冠式を挙行しようとしたのか。それとも、平和条約の締結を実現するための、王太子シャルルへの威嚇《いかく》だったのか。

イングランドからの大軍来襲の噂《うわさ》は、九月初旬にはフランスに伝わった。王太子は外敵に対する結束を図るためか、この頃ナヴァール王との和解成立をパリ市民に宣言、というよりも喧伝した。ランスにおいても、大司教ジャン・ド・クランが大軍来襲の情報をつかんでいた。町の住民を総動員して、防備強化の命令を発した。しかし、王太子が十分な数の兵士を召集していたわけではなかった。そのための資金も用意できていない。

だが、この状況はかえって英軍を苦しめた。英軍は十一月にカレーを出発したが、戦おうにもいっこうに仏軍兵士が出てこない。よって戦利品もなければ身代金もない。行軍路上で略奪を行っても、兵士の食糧は日に日に尽きていった。この偶然上手くいった仏側の不戦「行為」は、一〇～一五年後には不戦「作戦」として用いられることとなるだろう。エドワード親征軍はようやく十二月四日、ランス手前に到着した。しかし、大司教の用意周到な固い防御に阻まれた。英軍兵士は厳冬のなか数週間、周辺を略奪しながら攻囲を続けたが、ついに落とすことはできなかった。翌年一月十一日、英軍兵士は食糧とともに戦闘意欲も尽きて退却した。

なお、真冬とはいえ、数週間の攻囲の末にランス占領を断念したことは、エドワードの仏王位請求が本気ではなかったことの間接証拠とされることがある。

第三章　平和条約をめぐる駆け引き
――一三六〇～八〇年

この章の主な登場人物

■ジャン2世（1319～64）
ヴァロワ朝のフランス王（位1350～64）。イングランド王エドワード3世（位1327～77）と平和条約を締結する。

■シャルル5世（1338～80）
ヴァロワ朝のフランス王（位1364～80）。ジャン2世の子。頭脳明晰で賢明王と呼ばれる。神聖ローマ皇帝カール4世（位1355～78）は叔父（母の弟）にあたる。

■エドワード黒太子（1330～76）
イングランド王エドワード3世の子で王太子。父よりフランス南西部の英大陸領を授与される。

■フォワ伯ガストン（1331～91）
フランスの貴族。南仏において英仏双方に仕える。太陽神を自称。狩猟術の概説である『狩猟の書』を著した。

■アルマニャック伯ジャン（1306頃～73）
フランスの貴族。南仏ラングドック地方におけるフィリップ6世（位1328～50）の国王代行官に任命された。

■アルノー・アマニュー（1338～1401）
フランスの貴族でアルブレ卿。英仏双方に仕えて財を築く。のちフランス側に付き、破格の好条件でシャルル5世の義妹（王妃ジャンヌの妹）と結婚した。

■ベルトラン・デュ・ゲクラン（1320～80）
フランスの貴族、軍人。騎士道に反する戦法も辞さず、徹底して勝利を優先した。軍功により、中小貴族出身としては異例の抜擢でフランス大元帥となった。

■カール4世（1316～78）
ドイツ王（位1346～55）およびボヘミア王（位1346～78）、神聖ローマ皇帝（位1355～78）。ボヘミア王ヨハン・フォン・ルクセンブルクの子。フランス王シャルル5世は甥（姉の子）にあたる。

1　英大陸領の独立達成

「永久に遵守されるべき」平和

一三六〇年の初めから春にかけて、英軍は目的のない略奪を続け、仏軍は無謀なイングランド上陸計画を実行した。さまざまな偶然も手伝って、決定打を放てないエドワード三世、捕囚中のジャン二世、パリの混乱を収拾できない王太子シャルルのあいだで、和平への気運が高まった。この間、教皇特使は英軍を追い続け、三月三十一日、パリの近くでエドワード三世に追いついた。間もなく和平交渉が再開した。

四月中はパリやシャルトルでの交渉が不調に終わるたびに、英軍が挑発的攻撃を行った。五月一日、シャルトル近郊のブレティニーにおいて和平交渉が再開した。三名の教皇特使のもと、仏側からは王太子シャルルのほか尚書《しょうしょ》局長やパリ高等法院長官を筆頭とする高級役人たち、英側からはエドワード黒太子、ランカスター公、ノーサンプトン伯などの軍司令官が集まった。一週間の交渉を経て五月八日、合意に達し、まずは仮の平和条約文書が作成された（ブレティニー条約）。これを本国に持ち帰ったのち、次はカレーにおいて、両王臨席のもとで承認される運びとなった（カレー条約）。主な合意の内容は次の通りである。

①アキテーヌの独立：フランス王はアキテーヌを含むフランス南西部と、北部のポンティユーやカレーなどをイングランド王に割譲する。フランス王はこれらに対して行使してきた「裁判権」「権利」「臣従礼（の受理）」「教会保護権」を放棄する。

②主従関係の解消：イングランド王は、フランス王に対する「六〇年来」（一三〇三年のパリ平和条約〔二六頁参照〕を指すと思われる）の「義務」と「負担」から解放される。①による割譲地は「フランス王とその息子たちが現在、保持しているように」保持される。

③ジャン二世釈放の身代金：三〇〇万金《きん》エキュとする。うち六〇万金エキュの支払いによりジャンの身柄は釈放される。以後は、毎年四〇万金エキュの分割払いとする。完済までのあいだ、フランスから王族などが人質として渡英する。

④同盟関係の破棄：ナヴァール王、モンフォール伯（ブルターニュ公）、アルクール伯兄弟の領地や服属関係が調整されるとともに、フランスはスコットランド、イングランドはフランドルとの同盟関係を破棄する。

条約には、軍事的優位を崩さなかったイングランドの主張が反映されている。特に、英大陸領の拡大と独立は最大の成果である。ただし、私たちは数年後に戦争が再開したことを知っている。このため、条約のどこに問題点があったのかを探りたくなる。しかし、この条約が教皇という保証人のもと、「永久に遵守《じゅんしゅ》されるべき」平和（カレー条約第三五条）を樹立するための平和条約であることを改めて強調したい。つまり、ポワトゥーやガスコーニュにおいて抵抗があったとしても、右の合意内容こそが、戦争を永遠に終わらせるための最善の方法と考えられた。以下、この視点から平和条約締結の背景を今少し考えてみよう。

「二つの王国」の戦争へ

この年、英仏双方が和平交渉を妥結するに至ったのは、戦闘も交渉も袋小路に陥っていたからだけではなかった。戦争が時間的にも空間的にも拡大しているという現状認識が、英仏および教皇庁を早期の和平締結へと向かわせた。両王家を中心とする同盟網の破棄（前記④）が明文化されたことも、こうした認識の一端を示している。

ブレティニー仮条約締結の前日、一三六〇年五月七日付で、隣町のシャルトルにおいて休戦協定が締結された。条約が英仏双方において承認されるまで、時間がかかる。その間の戦闘行為を禁止するための休戦協定である。形式的な協定といえばそれまでだ。だが、そこには最初の平和条約締結の背景を知るうえで、無視できない文言が見られる。

前提として、二〇年前のスロイスの海戦後、戦争は「我々（エドワード三世とフィリップ六世）の問題」で「個人的に解決」すべしと認識されていたことを思い出しておこう（五五頁参照）。ブレティニー仮条約も当事者に言及する箇所で、「二人の当事者のあいだで友好、良き同盟、相互援助が締結されねばならず、その時、二人の王の名誉と現状認識は守られると合意された」（第三一条）と述べる。当事者は二人の王だという認識である。

これらに対して、シャルトル休戦協定に関するフランス国内向け通知文書は、こう記している。「余（王太子シャルル）は、長く二人の王を隔てていたあらゆる不和に対して、平和条約によって合意を見出した。しかし、その条項はすべてすぐには実行されない。よって、余は二つの王国のあいだに良き休戦を打ち立てねばならない」。さらに、ブレティニー仮条約を修正したカレー条約はこう記した。「良き同盟、友好、連合がフランス王とイングランド王のあいだで、ならびに彼らの王国のあいだで締結される」（第三〇条）。

英仏の首脳部は、戦争の規模拡大を開戦以降、ゆっくりと感じ取ったのだろうか。同盟網の拡大のなかで、または住民の日常にまで戦争の影が忍び寄るなかで。あるいは、平和条約の条文を確定する過程で突如、このことが認識されたのか。いずれにしても、戦争の当事者に対する認識が微細ながらも、根本的に変化していた。最初の平和条約は、戦争が「二つの王国」で行われたことを明文化して宣言された。

教皇聖下の要請とあらば

平和を樹立するための核心をなす取り決めは、次の点であった。エドワードが王位継承権を含めたフランス王国に対する権利を、ジャンが主にフランス南西部に広がる英大陸領に対する権利を、それぞれ放棄することである。これらを通じて、フランス王国をめぐって存在してきた、両王の支配領域の重なりや支配権行使の交わりが消滅する。

この部分については、平和条約本体とは切り離して、双方が権利放棄文書を作成することとされた。それらの文書は、互いの領地や城塞の引き渡しを経たうえで、翌年夏までに交換される。なぜ、こんな手続きが取られたのだろうか。カレー条約と同日、エドワードがこれを承認し、仏側に引き渡した文書のなかから、決定に至る動機の部分を読んでみよう。

フランス王国と王冠に関する権利を要求する余と、フィリップ・ド・フランス〔フィリップ六世〕、その死後は余の親愛なる兄弟フランス王〔ジャンのこと〕のあいだで、死をもたらす戦争が長く続いた。戦争は、余と余の十全なる王国だけでなく、全キリスト教世界に甚大なる損害をもたらした。戦争を通じて、たくさんの致命的な会戦、兵士の虐殺、略奪と放火、人々の殺害、聖所の危険、乙女と処女の嘆き、婦人その他への凌辱《りょうじょく》……、正義は地に落ち、キリスト教信仰は軽んじられ、商品は消えていき（以下略）

近年、外交史家のジャン＝マリー・メグランは百年戦争の起源を論じるなかで、史料中の「全キリスト教世界に甚大なる損害」という文言に注目した。戦火は拡大したとはいえ、カトリック世界全体から見るならば、戦場はフランスの北部と南西部に限られた。「全キリスト教世界」とは大げさではないか。しかし、英仏ともに長年主張してきた権利を放棄するには、これぐらいの大義が必要だったとメグランは論じる。この見解を参考に、平和条約締結に至った英、仏、教皇庁の駆け引きを考えてみよう。

戦闘は膠着状態、双方の軍の略奪のみが続き、講和を急ぐ必要があることは一致していた。しかし、争点について妥協点を見出すことができない。そこで、教皇庁はこう提案したのだろう。

戦争は「王」「兵士」そして「王国」を混乱に陥れている。譲歩できませんか。英仏は答える。主張を取り下げることはできません。こちらに正義がなかったと思われては困ります。対する教皇庁は、戦争は今や「乙女」から「全キリスト教世界」にまで被害をもたらしています。お互い権利を放棄しませんかと食い下がる。英仏双方はこう考える。教皇聖下からの要請とあらば致し方ない。それに、キリスト教世界の平和のために譲歩するのであれば、お互い国王陛下のメンツも保てるだろう——。

ここまで単純ではないだろうが、おおむねこういった主張の応酬の末、まずは平和条約の締結が合意された。しかし、長年の主張を放棄する以上、相手方には確実な権利の放棄を望みたい。エドワードからすると、ジャンが英大陸領への主権を完全に手放さないうちは、王位継承権の放棄を軽々とは宣言できない。ジャンもまた、エドワードが仏王位への権利を正式に放棄しない限りは、アキテーヌを割譲することはできない。なにしろ、この時点で、仏王位については約二〇年、英大陸領については条約本体にも記されたように六〇年以上も争われていた。

そこで、平和条約とは別個に権利放棄文書が作成されることとなった。領地の明け渡しは翌年の洗礼者ヨハネの祝日（六月二十四日）までとされた。その後、権利放棄文書は聖母マリア被昇天の祝日（八月十五日）までに、フランドルのブルッへにおいて交換するとされた（期日はその後に延長）。しかし、英仏とも現地の兵士たちは、領地と城塞の引き渡しを拒否し続けた。そして権利放棄文書も交わされることはなかった。

ジャンの再渡英

一三六〇年十月末、ジャン二世がカレーの地で釈放された。王は平和条約の執行に着手する。十二月五日、北仏のコンピエーニュにラングドイル（北仏語圏）全国三部会を召集した。目的はほかでもない、身代金を集めるためである。戦争が終わっても課税は停止しなかった。

しかし、早くも年末には、平和条約の副作用ともいえる厄介な問題が発生していた。平和は多くの人々の念願であったが、兵士たちにとってこれ以上に困ることはない。兵士といっても、大貴族・諸侯には軍役のほかにも土地収入などの収入源がある。だが、身分の低い傭兵には参戦の給与、略奪品、戦利品のほかに稼ぎ口はなかった。彼らは生計を維持するために、戦時以上に略奪を働いたのである。

この頃、英仏ともに軍務を解かれた傭兵は、いまだ戦闘が収まらないブルターニュ付近に吸い寄せられるとともに、大盗賊団を結成する者が現れた。一三六〇年十二月二十九日、スコットランド人ウォルターを首領とする盗賊団が、教皇庁のあるアヴィニョン周辺に出没した。狙いは、ジャン二世の身代金のためにラングドック（南仏語圏）三部会が集めた税金である。教皇庁は窮余の策として、彼らと雇用契約を結んだ。敵対するミラノとの戦闘に向かわせる。

そうしたなか、ジャンが再び渡英する。人質として渡英していた次男、アンジュー公ルイの行動がきっかけとなった。王太子シャルルのすぐ下の弟で、兄に劣らず知恵が回ったと年代記が指摘するルイは、北仏の町ブーローニュ・シュル・メールのノートルダム聖堂での礼拝のために一時帰国した。しかし、実際には渡英三カ月前に結婚した妻マリー・ド・ブロワとの密会のためであった。マリーはブルターニュ継承を争ったシャルル・ド・ブロワ（五七

〜五九頁参照）の娘で、恋愛結婚だったといわれている。

ジャンは激怒して再渡英を決意、一三六四年一月三日に海を渡った。騎士道精神からの行動なのか。あるいは、身代金軽減のためエドワードに直談判《じかだんぱん》するためか、真意は不明である。ジャンはそのまま四月八日、ロンドンで客死した。

2　ガスコーニュ地方からの戦争再開

アキテーヌ包囲網

敗戦直後のフランス王国の舵を取った王太子は、一三六四年五月十九日、国王シャルル五世として即位した。その対英政策を理解するうえで、一見戦争とは関係のない、王国のある政治構造を知っておく必要がある。歴史研究上「諸侯」と呼ばれる人々の存在である。

改めて、「諸侯」とは何者か。簡単にいえば、公や伯などの称号を持つ貴族の最上層部の者たちを指す。王に次ぐ地位や領地、特権、財力を有した。これまでに登場した人物でいえば、フランドル伯、アランソン伯、ブルターニュ公、アンジュー公などである。繰り返しになるが、イングランド王もアキテーヌ公としてフランス諸侯の一人であった。

王の直轄領を「王領」と呼ぶのに対して、諸侯に直接・間接に服す地域をここでは「諸侯領」と呼ぼう。王領と諸侯領の規模や権力関係は、時代によってずいぶん違った。フランスでは十三世紀に王領が拡大した（一八〜一九頁参照）。この過程で、遠くフランク帝国の分裂期に起源を持つ諸侯領は、跡継ぎの不在や征服、売却や譲渡によって王領に併合されていった。

代わって十三世紀以降は、王家の次三男とその子孫たちが「諸侯」の大半を占めるようになった。それはなぜか。王家では長男の家系が存続する限り、次三男が王位に登ることはない。そこでカペー王家では、次三男に王領の一部を割り当て、これを封土として分与した。次三男の王家出身という地位や生活を維持するためである。これを国王親族が治める領地の意味で「親王領」と呼ぼう。この慣行はヴァロワ朝期以降も続いた。

この親王領の保持者は王家出身であることから、文書史料では王家の紋にちなんで「白ユリ諸侯」とも呼ばれている。とはいえ、王国から独立されては困る。最高裁判権や貨幣鋳造権、教会やユダヤ人など、王国財源となりうる地元勢力は分与されず、王の手元に残された。親王領は原則として跡継ぎがいない場合、王領に回帰するとされた。

ジャン二世は長男シャルルを除く三名の王子に対して、ポワティエの戦い前に親王領を授与していた。さらにジャンは一三六〇年のカレーでの釈放時、王子たちが人質として渡英するにあたり、恩賞としてそれぞれの親王領の加増を約束した。結果、王国西部のアンジュー、

フランス中西部一帯に、王族を中心とする諸侯の支配地域が広がった。F. Autrand, *Charles VI : la folie du roi*, 1986 をもとに作成。

メーヌ（以上、次男ルイ）、中部のベリー、オーヴェルニュ（以上、三男ジャン）、ややのちには東部のブルゴーニュ（四男フィリップ）にかけて、親王領地帯が出現した。それは、イングランドへの割譲地を北東方向から包囲するかのように分布した。

しかし、ヴァロワ家は平和条約の締結によって、王国の三分の一ともいわれる地域をイングランドに割譲したばかりであった。先の親王領地帯がアキテーヌを包囲したとしても、なぜこのタイミングで、王領をさらに削ってまで親王領の加増が行われたのか。

「鑑」としての白ユリ諸侯

正史の『ジャン二世・シャルル五世年代記』は、ジャン二世による親王領の加増に言及するも、それは、人質として渡英する王子たちへの恩賞であったと述べる。これに対して、親王領が授与される時、領地の場所、付随する特権や物権、王にとどまる大権、相続規定などを記した国王文書が発給された。この「親王領創設文書」は王子の支配権の証明文書として、王国諸機関に通知され、時に地元教会のミサにおいて朗読された。

一三六〇年代、先の三名の王子に授与された親王領創設文書においては、彼ら王子の王国統治上の使命と責務が高らかに謳《うた》われた。それによると、「王の敵が駆逐」され、「王国の平和と正義」が保たれるためには、王子のような「高貴な生まれの人々」が王を支えなければならない。彼らには多くの「名誉」「名声」「称号」が授与され、王への「愛の炎を燃や」すことが期待される。そうなれば、「宝石によって王冠が光る」よりも、彼らの王に対する援助によって「王杖《おうじょう》が光り輝く」(杖は冠と同様、王権の象徴。王笏《おうしゃく》とも書く)。親王領を治める王族たちは、人々にとっての「鑑《かがみ》」であり「模範」とならなければならない。

これらの文言もまた、そのまま受け取ることはできないだろう。なにしろ、イングランドに大量の領地を割譲した直後の文言だからである。王家の慣例とはいえ、親王領は王権の財源である王領を削減して創設された。パリの高等法院や会計院には、王領の縮小を危険視する中央官僚も多かった。彼らを納得させるためには、それなりの理由が必要だ。では、その大義名分として、なぜ王子の「名誉」「愛」「援助」「鑑」などが強調されたのか。

二〇年以上前、エドワード三世はフランス諸侯として領有した大陸領をめぐって、フィリップ六世への臣従を破棄して戦争を始めた。フランドル諸都市、ロベール・ダルトワ、モンフォール伯、ゴドフロワ・ダルクールなどがエドワードに合流して、戦争が拡大した。時のフランス首脳部は、王の家臣たちがエドワードの企てに加担したことが、国力と兵力で劣るエドワードに負かされた原因だと考えたのではないだろうか。この推測が正しいとすると、王と家臣の主従関係を引き締めることがフランス再建の鍵《かぎ》となる。

そこで、王への揺るぎない愛と奉仕に燃える白ユリ諸侯の姿を通して、王の家臣としてのあるべき姿を示すことができると考えられたのではないだろうか。この考え方には、家臣の忠誠を強調するという点では騎士王ジャンの影響が予想される。しかし、文書発給のタイミングを考えると、賢明王シャルルの影響も十分に考えられる。王子たちの使命が拡大するなかで、親王領は王子の生計と地位を維持するためだけの領地ではなくなった。それは、国王奉仕を遂行するための物的基盤として、かつてないほど拡大した。

カスティーリャ継承戦争

エドワード三世は一三六二年七月、拡大・独立したアキテーヌ公国を息子のエドワード黒太子に授封した。ボルドーには宮廷が開かれた。ちょうどこの頃、ピレネー山脈を挟んだイベリア半島では、カスティーリャ継承戦争（一三六二～六九年）が始まった。それは特に一三六六年頃より、英仏の代理戦争の様相を呈した。

英側は、エドワード黒太子軍を中心に現国王ペドロ一世を支援した。ナヴァール王シャルルが同盟に基づいて加勢した。仏側は、ラングドック国王代行官に任命されたアンジュー公ルイとブルターニュ出身の傭兵隊長ベルトラン・デュ・ゲクランが中心となった。アヴィニョン教皇庁とも提携して、ペドロの異母兄エンリケを王として擁立して戦った。

戦争の余波は、ピレネーを挟んで隣接する南仏社会にさまざまな影響を及ぼした。ピレネー山脈北側のフランス奥地、とくにその西側、イングランド王に割譲されたばかりのフランス南西部には、どのような貴族がいたのだろうか。

南仏には、セーヌやロワールと並ぶ大河、ガロンヌ川がピレネーから大西洋へと走っている。河口はボルドーの北方である。そこから上流に向かいながら、ガロンヌ川の南側一帯がガスコーニュ地方と呼ばれた。そこには、古くから英大陸領が広がった。その東側がラングドック地方である。トゥールーズやカルカソンヌなどの都市が現れる。ラングドック地方は十三世紀前半、異端カタリ派の討伐を通じて仏王領に併合されていた（一九頁参照）。

フォワ伯とアルマニャック伯

このなかで、ガスコーニュ地方に大きく領地を広げたのがフォワ伯とアルマニャック伯である。両伯はこの地の主導権を競う一方で、英仏開戦直前の一三三八年、ラングドック地方における フィリップ六世の国王代行官に同時に任命された。まずはフランス陣営に属した二大家門であったが、英仏の戦局変化に伴って家門戦略を変化させていった。

フォワ伯ガストン三世は、フランス王からフォワ伯領を、イングランド王からその西側のベアルン副伯領を受領していた（副伯はもともと、伯の補佐ないし代理人として置かれた）。エドワード三世との内通者が絶えなかった時代、英仏双方の王から領地を受け取り、双方に忠誠を誓う貴族は珍しくなかった。ガストンはみずからを「フェビュス」（古代ギリシャ以来の太陽神話に由来）と名乗った。母語のオック語ではなく、北仏のオイル語で『狩猟の書』という著作を残すほどの頭脳を持った。年代記作者フロワサールもサン＝ドニ修道士も、その振る舞いや統治能力を絶賛している。

英軍がクレシーの戦いで勢いづくと、翌一三四七年九月二十五日、ガストンはベアルンを、地上の君主ではなく、神から与えられた地であると宣言した。一三六〇年に平和条約が結ばれ、フォワ伯領も英領となると、エドワード三世への臣従礼を求められた。しかし臣従礼を拒否し続け、この間、英仏双方の狭間《はざま》で巧みに交渉を進めた。その末に、一三六四年一月、約四〇名の地元貴族を引き連れて、黒太子に臣従礼を行った。英側に恩を売ったのである。しかし、ベアルンに関してだけは、「神」以外には臣従しないと主張し続けた。

アルマニャック伯ジャンは開戦以降、仏軍の司令官となった。一三四〇年七月二十六日、北仏のサン＝トメールにおいてロベール・ダルトワ率いる英－フランドル連合軍を撃破している。平和条約が結ばれると、自身の領地の割譲に反対した。近隣のペリゴール伯やアルブレ卿を誘って、フランス王といえども、領地を譲渡する時には地元住民の許可が必要だと訴えた（フロワサール『年代記』）。だが、仏側の使節の説得の末、エドワード黒太子に臣従礼を行い、カスティーリャ継承戦争においては英軍側で戦った。

序章（一五頁）でも述べたように、英王家の支配の拠点は十三世紀中盤にはブリテン島に移っていた。ガスコーニュを含む地域一帯は長く英大陸領にとどまったが、地元住民はロンドンや北仏の住民のように、王やその宮廷を常に身近に感じる環境に慣れてはいない。彼らは王や諸侯などの集権化勢力に対していかに自立を維持するか、また地元での主導権を握るために、英仏両王権を、特にその戦争状態をどのように利用するかに心を砕いた。

エドワード黒太子の課税

カスティーリャでは当初、仏側が優勢であった。デュ・ゲクランは国内で略奪を繰り返す兵士たちを雇って、イベリア半島に送り込んだ。また、アヴィニョン教皇庁とも連携して十字軍の名のもとに、「残忍な王」ペドロの討伐を内外にアピールした。対するエドワード黒太子は本国議会に軍資金のための課税を要請するも、承認されなかった。フランスの王および王国とは、公式には平和条約を締結していたからである。

一三六七年四月三日、ナヘラ（現スペイン北部）の戦いでは、四万のエンリケ（デュ・ゲクラン）軍に対して、二万のペドロ（エドワード黒太子）軍が挑んだ。しかし、数で劣るペドロ側が勝利し、戦闘はここで一時休止した。結果、働き口を失った兵士たちがピレネー山脈を越えて南仏の地に溢れ返った。盗賊団と化した兵士のなかには、北上してロワール川を越え、穀倉地帯であるフランス北東部で略奪を行う者もいた。

アキテーヌに戻ったエドワード黒太子は、翌一三六八年一月、ボルドー北東の町アングレームに地方三部会を召集した。イングランドへの服属間もない地元住民に対して、盗賊対策のための課税の承認を求めた。結果、世帯ごとに一〇スーの竈税《かまどぜい》を五年間承認された。しかし、この決定にガスコーニュ地方とともにその周辺の領主たちが反対した。アルマニャック伯ジャン、ペリゴール伯アルシャンボー、アルブレ卿アルノー＝アマニューなど、八年前に平和条約に基づく領地割譲に反対した面々だ。彼らはエドワード黒太子に臣従礼を行ったのちは、英仏双方にいい顔を見せてきたが、課税反対にはそれなりの理由があった。

アルマニャック伯とアルブレ卿はナヘラの戦いにおいて、エドワード軍の三列目で戦ったにもかかわらず、報酬は未払いだった。さらにアルマニャック伯とペリゴール伯は、一三六二年にフォワ伯ガストンとの戦いで捕虜となっており、その時の身代金の支払いにも苦しんでいた。そこに竈税の賦課《ふか》であった。さて、まだ八年目とはいえ、すでにエドワード黒太子に臣従礼を行っていたガスコーニュ領主たちは、これにどう対処したのだろうか。

ガスコーニュ領主の集団上訴

一三六八年、エドワード黒太子はカスティーリャ遠征で感染したマラリアに苦しんでいた。

アルマニャック伯ジャンは、課税に対する苦情を本国のエドワード三世に申し立てた。王は現地調査を約束したが、むろん、課税撤回への期待は薄かった。そこで、ジャンは英大陸領に沿って親王領を持つアンジュー公ルイとベリー公ジャンに協力を求めた。彼らを通じて、同年五月二日、パリ高等法院にこの件を持ち込む。ここですぐに武力に訴えない点は、英仏両王権の狭間で立ち回ることに慣れている南仏貴族らしい。以後、激増する同種の訴えは、「ガスコーニュ領主の集団上訴」と呼ばれている。

フランス王の最高裁判権を代行するパリ高等法院は、どう対処したのか。フロワサールの『年代記』と『初期四代ヴァロワ年代記』はその後の上訴受理、ガスコーニュ領主たちの出廷、エドワード黒太子に対する呼び出しなど出来事の経過を記している。これに対して、上訴受理に関して交わされた英仏間の書簡からは、断片的だが、この件についてのシャルル五世と側近たちの議論を辿ることができる。『ジャン二世・シャルル五世年代記』は官撰の年代記として、多くの公文書を転写しているが、この時の書簡もその一つである。

ブレティニー＝カレー平和条約に従って、ガスコーニュ領主はエドワード黒太子を介してイングランド王への臣従を命じられ、家臣とされた。フランス王がその主従関係に介入すれば、これに違反する可能性がある。しかし、平和条約に記された城塞や領地の引き渡しも、条約と別個に約束した権利放棄文書の交換も済んでいない。

とはいえ、平和条約には、フランス王はイングランド王およびアキテーヌに対して、今後一切の権利を行使することはできないと明記された（カレー条約第七〜八条）。権利放棄文書が交換されていなくとも、フランス王はガスコーニュ領主を救済することはできないのか。しかしながら、放棄文書の交換期限からすでに七年近くも経過している。そうなると、平和条約の効力自体が問われるべきではないか。そもそも、王といえども、フランス王国の主権を分割したり、領地を割譲したりすることは可能なのだろうか。

ここで「主権」と訳した語の原語は、souveraineté（仏語）ないし sovereignty（英語）の語源となった古フランス語の単語である。それらは現在、「国民主権」「領土主権」などを表す時に使われる用語である。フランスでは一三七〇年頃より出現回数が増えていくが、当時は、王に固有の権利や至上権ほどの意味であった。アキテーヌをめぐる議論におけるキーワードである。

このように思考をめぐらせたシャルル五世は、この件を西欧中の大学法学部に問い合わせた。結果、訴えの受理は正当との感触を得た。これを受けて、一三六八年六月三十日、パリ高等法院はアルマニャック伯の訴えの受理を断行した。上訴提起から約二カ月後であった。この行動がきっかけとなり、翌一三六九年一月に戦争が再開することとなる。

以上の説明は、裁判記録や書簡といった公的性格の濃い史料から導かれている。戦争再開に関する、いわば表向きの説明である。水面下の動きも見てみよう。

破格の領地・金品・良縁

一三六八年の五月から六月にかけて、シャルル五世はガスコーニュ領主の上訴を受理するという、英仏和平をぶち壊しにしかねない危険な策を企てた。そこで目をつけたのは、地元貴族のアルブレ卿アルノー＝アマニューである。

その所領は、英大陸領のボルドーとバイヨンヌの中ほどに位置した。仏側としてはこれを統制下に置き、英大陸領を牽制したい。家門は先代のベルナール以来、エドワード三世に仕えてきた。アルノー＝アマニューもポワティエの戦いでは英側で参加した。その時の恩賞として、土地などから定期的にあがる収入を授与された。これをラント（定期金）という。しかし、これに味を占めたのか、その後は英仏双方に奉仕し、双方から恩賞を集積する。

一三六〇年、イングランドへのアキテーヌ割譲に反対したかと思えば、一三六三年、ガスコーニュ領主のなかで最初にエドワード黒太子に臣従礼を行った。しかし、翌六四年五月十六日、シャルル五世のナヴァール総攻撃を援助し、七月に多くの金品を得た。一三六五年、今度は領地と貨幣の授与を条件にナヴァール王と同盟を締結、反フランス陣営に鞍替えした。カスティーリャ継承戦争では、エドワード黒太子とナヴァール王の戦列に立った。だが、その恩賞が授与されないまま、前述の竈税賦課が決定された。アルマニャック伯ジャンとともに、白ユリ諸侯を通じてシャルル五世のもとに走った。

フランスの首脳部がこの時、アルノー＝アマニューが再び英側に走らないかと危惧《きぐ》したのは当然である。シャルル五世は、イングランドとナヴァールに引けをとらない多くの領地、金品、ラントの授与に加えて、ある縁談を持ちかけた。シャルルの妃ジャンヌは名門ブルボン公家出身だったが、その妹のマルグリットとの結婚を提案したのである。当時のアルブレ卿の地位、財力、所領規模などからすると破格の良縁であった。

婚姻契約は、一三六八年五月四日、パリにおいて交わされた。それは、アルマニャック伯ジャンの訴えとほぼ同じ頃、その受理が決定される約二カ月前であった。その日パリでは、アルブレ卿やアルマニャック伯をはじめとするガスコーニュ領主たちが王と会談している。おそらく、上訴受理後に予想される英側の抗議さらには戦争再開に備えて、対英攻守同盟が締結されたのだろう。なお、アルブレ卿とアルマニャック伯それぞれの子および孫が、のちにフランス大元帥に任命されている。集団上訴を機に両家門の昇進速度は加速した。

こうした入念ともいえる準備を経て、パリ高等法院はアルマニャック伯に続いて、九月八日にはアルブレ卿の上訴受理を決定する。その後、シャルル五世と白ユリ諸侯は地元の貴族と都市に対して、時に脅迫も交えながら上訴を促した。十二月三日、王が上訴受理について王国住民に通知したのち、パリ高等法院は翌年一月にエドワード黒太子に対して呼出状を発した。高等法院の被告席に座らせるためである。

九二一件の上訴

以上の動きは、すぐにエドワード黒太子そしてエドワード三世の知るところとなった。一三六八年九月、ボルドーにいた黒太子はイングランドとウェールズの自身の領地に対して、八〇〇〇人の弓兵の召集を命じた。しかし、当時五十五歳のエドワード三世は戦争再開に乗り気でなかった。ただ、仏側に書簡を発し、高等法院の上訴受理に「驚いて」おり、「誤って」受理されたのかと嫌味を込めて、釈明を求めた（『ジャン二世・シャルル五世年代記』）。対するシャルル五世は、前述した上訴受理の可否をめぐる議論から次の結論を返した。

> 上訴を受理することは、至上の君主に関わることではない。抑圧に対して君主を信頼し、助けを求める人々に関わることである。君主が正義と道理に基づいて行うことは、すべて非難されるべきではない。

「抑圧」は黒太子の課税を、「助けを求める人々」はガスコーニュ領主を暗示している。一見もっともな主張である。しかし、平和条約の内容を思い返すと、「正義と道理」に基づいていれば条約に違反してもよいのかと反論したくなる。逆にいえば、この返答が原因で戦争が再開しても構わない、そうなれば失地を回復するだけだとの覚悟が、フランス首脳部にあったのだろう。むしろ、戦争再開を挑発しているとさえ思える回答だ。

パリ高等法院は先のエドワード黒太子への呼出状において、出廷日を翌一三六九年五月二日に指定した。しかし、その日を待たずして戦闘が再開する。アンジュー公ルイとアルマニャック伯ジャンの長男ジャン二世が同年一月、ラングドックからアキテーヌを目指して行軍を開始した。ナジャックやロデスなどガスコーニュの町を次々と陥落させた。三月十八日、ガスコーニュからの上訴件数は九二一件に達していた。

3　シャルル五世の束の間の栄光

アキテーヌの再征服

一三六九年の春以来、アキテーヌ戦線の再開に刺激されて各戦線にも動きが見られた。

カスティーリャ戦線では同年五月十四日、フランスの傭兵隊長ベルトラン・デュ・ゲクランの活躍もあって、ナヘラで一度敗北したエンリケが王位に返り咲いた。北仏戦線では八月、エドワード三世の三男ランカスター公ジョンがカレーに上陸し、ノルマンディーに達した。
エドワード黒太子は、五月二日の呼出日を過ぎても、パリ高等法院に出廷してこない。それればかりか、彼は呼出状を携えてきた伝令人二名を監禁殺害していた。六月三日、エドワード三世が仏王位継承権を再度要求した。シャルル五世は八月、ノルマンディーのルーアンにラングドイル全国三部会を召集した。塩税復活と五％の消費税賦課を承認される。十一月三十日には、アキテーヌ公領の没収を宣言するに至った。実現しなかったものの、ウェールズ経由のイングランド上陸作戦も計画した。

一三六九年の一年間で、平和条約の成果は帳消しとなり、英仏関係は戦争勃発時に舞い戻ったかのようである。しかし、戦争の規模は勃発時とは比較し難いほど広範囲に及んでいた。それは、意外なところにも波及していた。この年、イングランドのオックスフォード大学は、パリ出身の学生を締め出している。

翌一三七〇年初めより、仏軍では、アンジュー公ルイを中心とする白ユリ諸侯とガスコーニュ領主たちが、イングランドに割譲された地域を奪回していった。同年はガロンヌ川沿いのアジュネ、一三七二年以降は北上してガロンヌ川北方のリムーザン、アングーモワ、サントンジュ、ポワトゥー、一三七四年にはブルターニュ進攻が始まった。短期間でのアキテーヌ再征服であった。

デュ・ゲクランの反騎士道

フランスの再征服戦争は、なぜ短期間で成功したのだろうか。一三四〇〜五〇年代とはあまりに対照的である。エドワード三世と英軍指揮官たちの高齢化、エドワード黒太子のマラリア罹患《りかん》などの偶発事、仏側で軌道に乗り始めた税徴収など、さまざまな原因を考えることができる。ここでは、仏軍の戦術を取り上げたい。

シャルル五世は、一度の会戦に大量の兵士と資金を投入する戦い方を避けた。失敗の場合、犠牲が大きいからだ。代わって、敵軍の疲弊をじっと待つ戦法を選んだ。これは一三五九年、エドワード三世のランス進撃時の経験から着想を得たものである。当時、王太子だったシャルルがパリの混乱下で十分な兵を送ることができずにいると、英軍は戦うことができず、食糧も戦意も尽きて退却を余儀なくされた。これが不戦戦法として採用された。この戦法は防備の手薄な農村部や、戦争に名誉と戦利品を期待する貴族には不評だったが、シャルルは勝利には犠牲がつきものと、近代的な表現を用いるなら「合理的」に考えた。

一三七〇年十月二日、これまでも国王軍を率いてきたベルトラン・デュ・ゲクランがフランス大元帥に就任した。ブルターニュ出身の中小貴族が仏軍の最高官職に就くという異例の抜擢《ばってき》である。彼が不戦戦法を駆使した例を一つ紹介しよう。

この年の七月末、ロバート・ノールズ率いる英軍がカレーを出発した。騎兵一六〇〇人と弓兵二五〇〇人が北仏を南下してきた。これに対して、デュ・ゲクランは会戦を避け続けた。ノルマンディーに向かい、モン・サン＝ミシェルでは、同郷の軍人オリヴィエ・ド・クリソンの軍団と雇用契約を結ぶなどして、兵士を増やしていく。

十一月上旬、デュ・ゲクランはロバート・ノールズの軍団が疲弊し、少ない戦利品をめぐって仲違《なかたが》いを始めたことを知る。しかし、まだ戦わない。十二月三日には西仏のルマン（自動車の二四時間耐久レースで有名）で挑戦状を受け取るが、その誘いにも応じなかった。しかし、翌四日の夜明け、デュ・ゲクランは英軍兵士の寝込みを襲った。騎士道精神に反する奇襲攻撃である。だがこれをきっかけに、ルマンのあるメーヌ地方周辺から、イングランドの守備隊が一掃されることとなった。

国土強靭化

不戦戦法は、平野部の農村を犠牲とする代わりに、軍事と行政、信仰の拠点である都市が防備されてこそ可能であった。そうでなければ、英軍はやりたい放題だ。

シャルル五世は一三六七年七月、シャルトルでラングドイル全国三部会を開催し、十九日に王令を発した。城壁や堀などの防備施設の点検と修繕を全土に命じた。そのうえで、敵軍や盗賊団が到来した時には、城塞の外に出ない等の指示書を示す。さらに、動員可能な兵士と砦の数を報告させ、他方では資金として三部会が承認した税の一部を住民に戻すと約束した。

シャルル五世治下では、都であるパリの防備も再強化された。当時のパリは、十三世紀初めに完成したフィリップ二世時代の城壁に囲まれていた。その後、主にセーヌ右岸の商業地区が発展し、城壁の外にフォーブールと呼ばれる新居住地帯が伸びていた。シャルルはここを囲むように城壁の拡張を命じた。工事は一三七〇年四月、現在バスティーユ広場があるあたりから始まった。セーヌ川に浮かぶシテ島から見て少し上流、東側である。そこには当時、サン＝タントワーヌ門と、かつてエティエンヌ・マルセルの命令で建設された「バスティーユ」（要塞を意味する）があったが、その改築が始まった。西方監視の任を負ってきたルーヴ

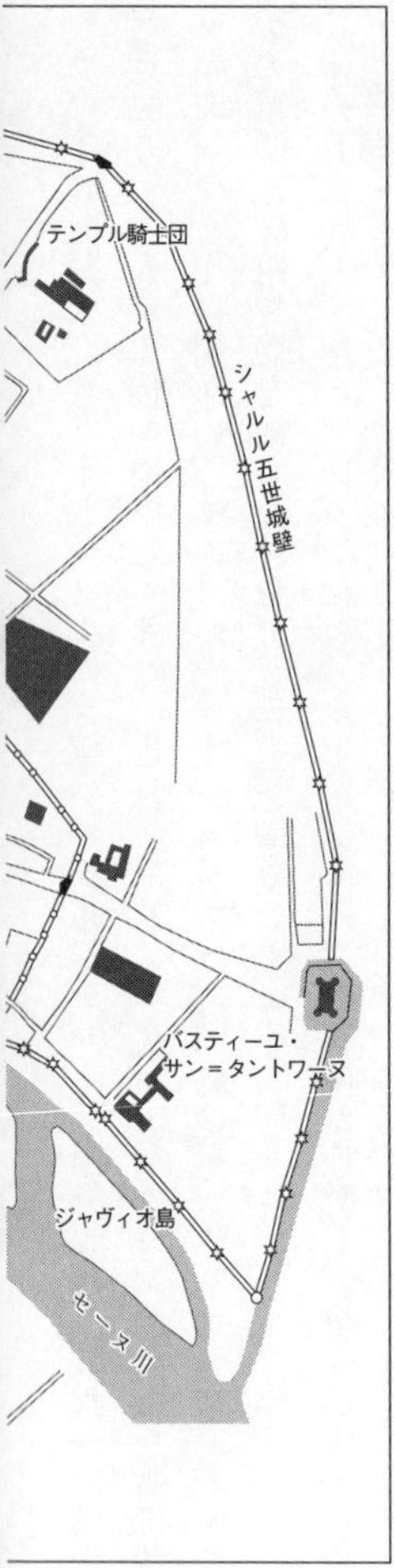

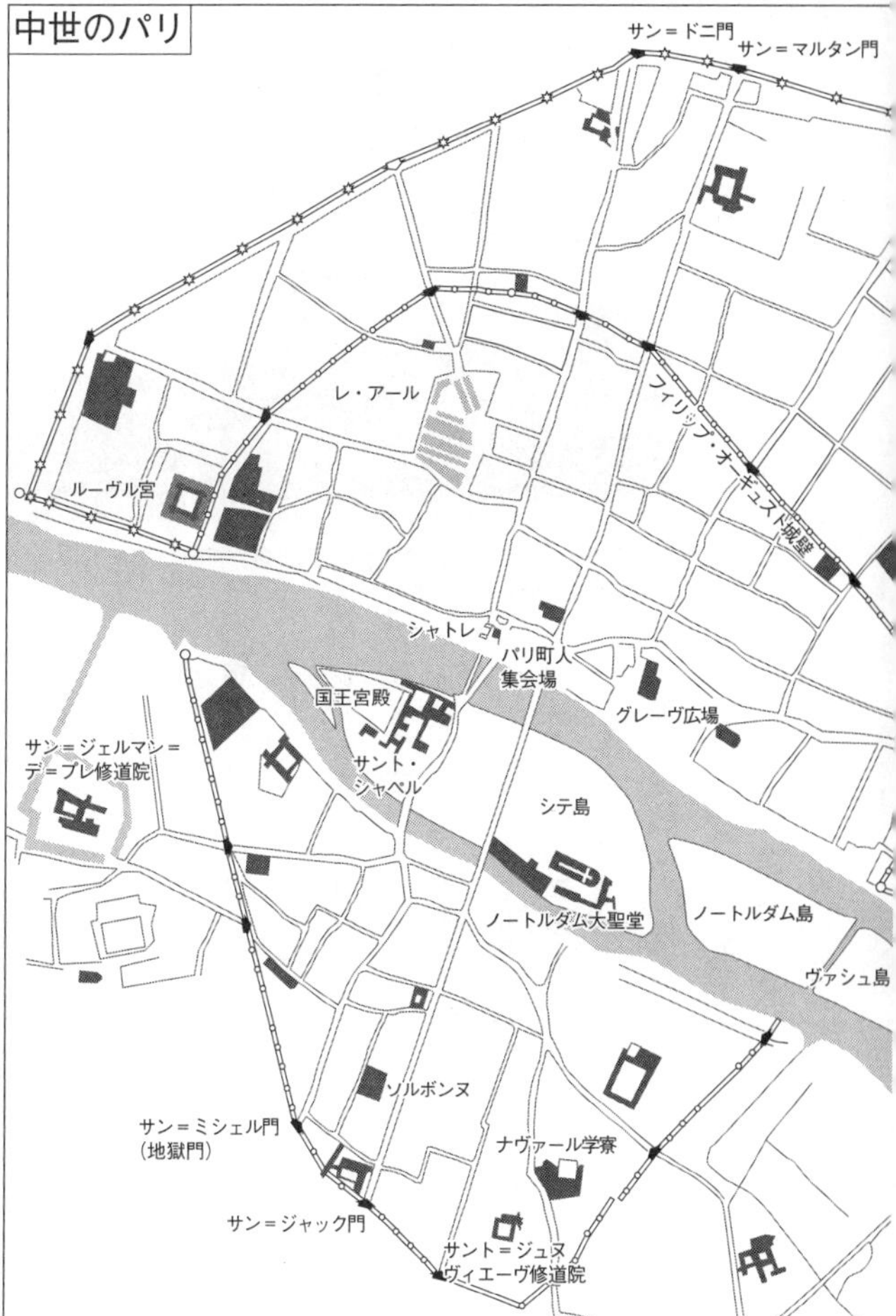

セーヌ川を境に右岸（北側）と左岸（南側）に分かれる。ベルナール・グネ著『オルレアン大公暗殺』（岩波書店、2010年）をもとに作成。

ヴァンセンヌ城の主塔　14世紀当時においては周囲の森よりも高くそびえたといわれている。

ルの砦も、新城壁の内側に入った。

　バスティーユから新城壁を出て東に向かおう。森に囲まれた王家の避暑地で、シャルル自身も産声をあげた城が現れる。ヴァンセンヌ城である。現在、パリのセーヌ川沿いにはメトロ1号線が走っているが、その東側終点の駅が「ヴァンセンヌ城」である。サン＝ドニ修道院付属聖堂と同様、メトロで行くことのできる中世の遺跡だ。そこでは、一三七〇年代初めから八〇年にかけて、高さ五二メートルの主塔と櫓《やぐら》、三七八メートル×一七五メートルの城壁と幅二七メートル×深さ一二メートルの堀が完成する。

　兵士養成にも注意が払われた。シャルルは一三六九年四月三日付の王令において、サイコロ遊びやポーム（現在のテニスの原型）、ホッケー、ボウリング、ビリヤードを「臣民を鍛え、強くすることにも、武器を作ることにも使うことにも、王国の防衛にも役に立たない」として禁じた。代わりに、弓と弩《いしゆみ》の鍛錬を奨励し、

「上達した者には賞品を贈呈せよ」と望んだ。この武芸奨励王令は、エドワード黒太子の呼出日より前に発せられた。ただ、気晴らしまで規制されてはたまらないとあまり守られなかったため、五月二十三日、再度公布された。

国土強靭化《きょうじんか》を背景に、一三七二年六月二十二日と二十三日、フランスの同盟国カスティーリャの艦隊が、ジェノヴァの船長アンブロシオ・ボッカネグラに率いられて、イングランドの船団を撃破した。大西洋岸のラ・ロシェル沖においてである。イングランドの船団は、潮の干満を読むことができずに沈没した。ジャン二世の捕囚から約一五年、今度はフランスが陸海双方において優位に立った。

フランドル伯領の掌握

百年戦争が初期において、フランス貴族の大反乱という性格を持ったことは先に述べた。その後、シャルル五世が戦いの主導権を握り、エドワード三世の攻勢が弱まったことにより、貴族たちは王に反逆するための後ろ盾を失った。シャルルはブルターニュ、フランドル、ナヴァールなど英軍の緒戦連勝の基地とさえなってきた諸地方を、時に正攻法で、時に巧妙な手口で統制した。英仏間の長年の争点であるフランドル伯領を取り上げよう。

フランドル伯ルイ・ド・マールの夫婦に男子が誕生しないなか、娘のマルグリットが伯領を相続する予定だった。その彼女が一三六一年、寡婦《かふ》となった。再婚相手は西欧随一の産業地帯を手中に収めることができる。そればかりではない。相続財産には、アルトワ伯領や神聖ローマ帝国領のフランシュ＝コンテ（現フランス東部）も含まれていた。エドワードは一三六四年十月十九日、伯とドーヴァー条約を締結することに成功した。四男のエドマンド・オヴ・ラングリーとマルグリットとの結婚の承諾を得る。新夫婦には、フランドル周辺の英大陸領も授与されることとなった。

これに対して、シャルルはキリスト教徒の結婚を司《つかさど》る教会、そのトップである教皇ウルバヌス五世（位一三六二～七〇）に働きかけた。シャルルはエドワードが企てる結婚が近親婚であるとしたうえで、教皇にこれを許可しないよう説得した。代わって、自身の弟ブルゴーニュ公フィリップとマルグリットの結婚を画策した。

しかし、マルグリットとの血縁関係は、エドマンドよりもフィリップの方が近かった。だが、フランドルとその諸都市を掌握できるなら、手段を選んではいられない。シャルルは弟フィリップの結婚のために、教皇から特免状を獲得した。こうしてフランドルがフランスの親王家ブルゴーニュの傘下に入ることとなった。

ブルッヘ講和会議

一三七五年三月、フランドル伯領のブルッヘにおいて和平交渉が再開された。二名の教皇特使のもと、英側はランカスター公ジョン、仏側はブルゴーニュ公フィリップと、ともに王族が使節代表として派遣され、交渉のテーブルで対峙した。

英側は、ブレティニー＝カレー平和条約の執行を要求した。特に、同条約によって拡大した南西フランスの英大陸領の早期割譲を求めた。対して仏側からは、アルトワ地方の中心地アラスのサン＝ヴァースト修道院長が演説を行った。フランス王はランスでの戴冠の時、王国全土への最高裁判権、臣従礼（を地元貴族から受け取る権利）、主権を手放さないと誓っており、それらの割譲などありえない、と。仏側は平和条約にはそもそも瑕疵《かし》があり、よって無効であると終始強気に主張した。

くわえて、依然として英仏対立の火種となりうるカスティーリャ王やブルターニュ公を平和条約の適用範囲に含めるか否かでも、両者の主張は平行線を辿った。結局、妥結に至らず、三カ月後の六月二十七日、一年間の休戦協定のみが締結された。

神聖ローマ皇帝のパリ訪問

対英戦争を切り抜けてきたシャルル五世であったが、むろん万事順調というわけではなかった。次章で述べる跡継ぎ問題とともに自身の健康問題に常に悩まされた。ナヴァール王やブルターニュ公によるイングランドとの内通もそう簡単には終わらなかった。

こうしたなか、シャルルは戦争に関して、ある人物の支持を取り付けることに成功した。神聖ローマ皇帝のカール四世である。序章でも登場したが、一三五六年、ポワティエの戦いと同年に「金印勅書」を発布したことで有名な皇帝だ。ただ、高校世界史などでは、この頃、皇帝の権威は英仏両王権に凌駕《りょうが》されていくと教えられる。

だが戦争の勃発時、エドワード三世が開戦にあたり皇帝ルートヴィヒ四世と対仏同盟を呼びかけ、低地地方における皇帝代理権を取得したことをご記憶だろうか（三〇頁、四七頁参照）。かつてゲルマンの諸部族を統合したフランクのカロリング家皇帝、そして遠く西ローマ帝国の皇帝の後継者を標榜《ひょうぼう》する皇帝の支持は、英仏ともに確保しておきたい。百年戦争中、両首脳部は常にその機会をうかがっていた。

ここで鍵となるのは、神聖ローマ皇帝が選挙で選ばれていたことである。後世のハプスブルク家のように一つの家門が帝位を事実上世襲した時期もあったが、十四世紀前後は皇帝選挙が機能していた。ジャン二世は王太子時代の一三三二年、ルクセンブルク家のグータという女性と結婚した。その後、一三五五年にグータの弟カールが皇帝に選出された。それがカール四世であり、この時、フランス王ジャンと神聖ローマ皇帝カールは義理の兄弟となった。だが翌五六年九月、ジャンは英軍の捕虜となった。三カ月後の十二月、王太子シャルルは紛糾するパリの三部会を弟のアンジュー伯ルイに任せて、叔父である皇帝のもとに向かった。
それから二〇年余りの歳月が流れ、時は一三七八年一月。英仏戦争は攻守ところ替わり、四十歳間近のシャルル五世がすでに六十歳を過ぎたカール四世をパリに招いた。寒さのなか、高齢のカールにとっては体に障る長旅だったと各年代記は伝える。

神聖ローマ皇帝カール4世のパリ入城　中央の3名が、右からフランス王シャルル5世、カール4世、その息子ヴェンツェル。『フランス大年代記』（14世紀後半の写本）より。

だが、シャルルはこの機会を逃さなかった。同月七日ルーヴル宮での会見の際には、国王尚書局の書記官に条約文書、書簡、王令など一五八点の資料の提示を命じ、カールにフランス王の権利の正当性とイングランド人による主張の不当性をとくとくと説明した。カールのパリ滞在中、ルクセンブルク皇帝家とヴァロワ王家の友好が確認されて、カールは約二週間の滞在を終えた。それはあえて現代風にいえば、シャルル五世の再征服戦争が国際的な承認を得た瞬間であった。

英仏の世代交代

神聖ローマ皇帝のパリ来訪で幕を開けた一三七八年の前後数年、英仏両王権の担い手に世代交代が生じていた。一三七六年六月エドワード黒太子、一三七七年六月エドワード三世、一三七八年二月シャルル五世妃ジャンヌ・ド・ブルボン、一三八〇年七月ベルトラン・デュ・ゲクラン、同年九月シャルル五世が死去した。さらに、アヴィニョン教皇グレゴリウス十一世が一三七八年三月、同年十一月には年初のパリ滞在が影響したかどうかは不明として、カール四世が死去した。

今とは比べられないほど、法や制度が整備されていない時代である。君主やその家族、側近の行動や個性、そして彼らの世代交代が国家運営や外交に及ぼす影響は少なくない。特に、平均寿命が今より短いとはいえ、シャルル五世の四十二歳での死は、フランスの反撃の勢いを急減速させてしまった印象を与えたに違いない。シャルルは一三七四年十月に最初の遺言書を作成し、その後二度、追加と修正を行った。その文言には、財貨の遺贈や分配にとどまらず、戦争の被害に対するシャルルの配慮がにじみ出ている。

最も有名なものは、死の床で発したといわれる直接税の廃止である。それは次世代ですぐに破られるものの、シャルルは最初の遺言書に次の項目を設けた。「余の敵に略奪された教会に、杯ほか必要な物品を購入するため一〇〇〇フランを用いること」。「杯ほか必要な物品」という文言から、日々の聖務すらままならない状況が浮かび上がってくる。フランスの再征服は、こうした教会の窮状のうえに達成されたのであった。

再征服戦争の背後では、とにかく金がかかっていた。父王ジャン二世の身代金、平和到来とともに跋扈《ばっこ》した盗賊団対策、戦争再開のための軍資金、パリと国土の要塞化、皇帝カール四世の歓待。これらの資金の調達では、王領収入とともに、三部会の承認に基づく課税の比重が増していた。租税制度については、イングランドが一足先を走っていたが、フランスでは戦争の本格化とともに始動し、シャルル五世治下で新たな展開を見せた。

王は課税するたびに三部会の承認を得ねばならなかった。ワイン取引税であれ竈税であれ、税とは緊急時の臨時措置として、その都度、繰り返し承認されなければならなかった。これは中世ヨーロッパ社会の大原則であった。

しかし、王の課税要求が頻繁となり、これが承認されると、臨時であるはずの税が常に課せられているような状態が訪れた。シャルル五世は、父ジャン二世の身代金支払いのための課税承認を幾度も要求した。王の身代金の提供は家臣の義務であったこともあり、要求は次々と承認された。こうして、税の恒常化の時代が訪れたのである。しかし、戦争と税に関する王国住民のストレスは次世代において爆発する。

第四章　教会大分裂下の休戦と内戦

――一三七八～一四一二年

この章の主な登場人物

■リチャード2世（1367～1400）
プランタジネット朝最後のイングランド王（位1377～99）。エドワード黒太子の子。従弟ヘンリー・ボリングブルック（のちのヘンリー4世）らのクーデターにより廃位された。

■ジョン・オヴ・ゴーント（1340～99）
イングランドの王族でランカスター公。国王エドワード3世の子で、エドワード黒太子の弟。幼くして即位した甥のリチャード2世を支えた。息子はのちのヘンリー4世（位1399～1413）。

■ヘンリー4世（1366～1413）
ランカスター公ジョン・オヴ・ゴーントの子。従兄リチャード2世を廃位し、ランカスター朝初代のイングランド王（位1399～1413）となる。

■シャルル6世（1368～1422）
ヴァロワ朝のフランス王（位1380～1422）。シャルル5世（位1364～80）の子。幼くして即位したため、おじたち（父の弟3人と母の兄）が政務を代行した。20代前半で精神疾患を発症。

■ブルゴーニュ公フィリップ（1342～1404）
フランスの王族。ジャン2世（位1350～64）の子で、シャルル5世の弟。シャルル6世の叔父として、兄ベリー公ジャンとともに国政を主導した。豪胆公と呼ばれる。

■オルレアン公ルイ（1372～1407）
フランスの王族。シャルル5世の子で、シャルル6世の弟。ブルゴーニュ公の一派と政争を繰り広げたオルレアン派の首領。パリの街頭で殺害された。

■ブルゴーニュ公ジャン（1371～1419）
フランスの王族。父はシャルル5世の弟、ブルゴーニュ公フィリップ。直情的な性格から、あだ名は無畏公。対立する従弟のオルレアン公ルイを暗殺し、のちイングランド王ヘンリー4世に接近した。

1　未成人王のリチャード二世とシャルル六世

ローマとアヴィニョン

一三七〇年代末以降、百年戦争は約四〇年に及ぶ休戦期間に突入する。英仏の国内事情もさることながら、カトリック教会の大分裂もその一つの背景となった。

歴代教皇は使徒ペテロの後継者とされる。その殉教地はローマであった。教皇のアヴィニョン定着から約七〇年を経た一三七七年、教皇グレゴリウス十一世（位一三七一〜七八）がローマへの帰還を果たした。しかし、それは当初の予定より大幅に遅れての帰還だった。北イタリア情勢ほか、さまざまな理由の一つがほかならぬ英仏の戦争であった。教皇はブルッへ休戦協定の保証人であったため、アヴィニョン残留を要請され、ようやく一三七六年九月、グレゴリウスはアヴィニョンを発《た》ち、マルセイユを経由して、翌年一月にローマに到着した。

一三七八年三月二十七日、グレゴリウスが死去した。間もなくローマにおいて教皇選挙が行われ、イタリア出身のウルバヌス六世（位一三七八〜八九）が選出された。新教皇就任の知らせは、二カ月後にはフランス王シャルル五世のもとにも届いた。しかし、王はローマでの教皇選出に驚きと疑念を抱いた（『ジャン二世・シャルル五世年代記』）。各国君主が情報収集に奔走するなか、一三名のフランス人枢機卿がローマを脱出する。九月二十日、イタリア中部のフォンディにおいて別の教皇を選出した。ジュネーヴ出身のクレメンス七世（位一三七八〜九四）である。クレメンスはアヴィニョンを目指した。

当時、シスマ（ラテン語そのほかの言語で「分派」。日本では「教会大分裂」と表現されることが多い）と呼ばれたこの事態は、コンスタンツ公会議（コンスタンツは、ドイツのスイス国境付近に位置する都市）における一四一七年の教会統一に至るまで、約四〇年間続いた。公会議とは、キリスト教（中世においてはカトリック）世界の高位聖職者とともに時には各国の王侯が教義を中心に教会全体に関わる問題を協議する会議である。シスマのもと、教皇庁による英仏の調停活動は停滞を余儀なくされた。

シスマをめぐる同盟網

西欧中の司教都市では、ローマが認める司教とアヴィニョンが認める司教が並び立つことも稀でなかった。各国君主はどちらの教皇を支持するかの表明を迫られた。さもなければ、教会の日常聖務とともに、多くの聖職者に支えられた王国統治も混乱してしまう。

シスマ発生から二カ月後の一三七八年十一月十六日、フランス王シャルル五世はアヴィニョン支持を表明した。アヴィニョンには、かつてフランス王に仕えた枢機卿が多かった。神聖ローマ帝国では同月二十九日、カール四世が死去した。カールは以前より、自身が発布した金印勅書の皇帝選挙規定を無視して、息子のヴェンツェル継承者にしようとしていた。ローマのウルバヌス六世はこれを内諾していた。結局、ヴェンツェルはシスマの混乱もあって教皇庁より皇帝位を承認されずドイツ国王（位一三七六～一四〇〇）にとどまったが、ローマ支持を表明。イングランド王もこの直後にローマ支持を表明した。

英仏の戦争と平和を取り巻く同盟網と重なりながら、西欧各国をローマ陣営とアヴィニョン陣営に分かつ同盟網が張り巡らされた。フランドル諸都市やスコットランド王など、英仏の同盟者たちも立場の表明を迫られた。

エドワード父子亡き後

イングランドにおいては、一三七七年に英雄エドワード三世が死去した（王太子のエドワード黒太子は前年すでに病没していた）。同年七月十六日、孫で当時十歳のリチャード二世（位一三七七～九九）が即位した。直後にシスマが起きるなかで、仏－アヴィニョン教皇軸への対抗策の一環としてルクセンブルク家とプランタジネット家が接近した。前章末に述べたシャルル五世と皇帝カール四世の蜜月《みつげつ》関係が嘘《うそ》だったかのように、一三八二年一月二十日、リチャード二世はヴェンツェルの妹アンナ・フォン・ルクセンブルクと結婚した。

シェイクスピアの『リチャード二世』(一五九五年頃執筆)は、その数ある劇作のなかでも傑作の一つといわれている。その山場は一三九九年九月二十九日、リチャード廃位の場面である。気品と尊厳を保つ「神聖な王」でありながらも、憤懣《ふんまん》と恐怖のなかで荒れ狂う「生身の人間」。廃位に直面する姿の描写からは、西欧中世の王権の特質を分析するための、「王の二つの身体」という有名な理論が導かれたほどだ。

後世の者の多くが、この廃位という結末を知っているため、リチャードに良い印象を持っていない。女々しく移り気、寛大だが王冠を質入れするほどの浪費家だった。ロンドンから北へ約三〇キロメートルのところにセント=オールバンズ修道院がある。イングランドにおける史書編纂の拠点の一つである。一四二〇～二二年、修道士トマス・ウォルシンガムはラテン語で年代記を執筆し、カンタベリー大司教に当たり散らすリチャードを「暴君」と記した。ちなみに、リチャードは英語を母語とした最初のイングランド王であった。

その治世を語るうえで、ランカスター公のジョン・オヴ・ゴーントという人物を紹介しておかねばならない。エドワード三世の三男で、リチャード二世にとっては叔父にあたる。「ゴーント」は出生地、フランドルの都市ヘントを指す。最初の妻は、戦争前半で活躍した軍司令官ヘンリー・オヴ・ランカスターの娘ブランチであり、ヘンリーの死後、ランカスター公の称号を継承した。エドワードの晩年とリチャードの治世前半、国政を実質的に指導することとなる。彼の息子ヘンリー・ボリングブルックこそ、のちにリチャードを廃位に追い込んだ人物である。

一三七七年六月末、ブルッヘ休戦協定が期限切れになった。仏軍は陸上ではカレー奪還を試み、海上ではポーツマスなどのイングランド南岸を襲撃した。ジョンとリチャードは先代以来の常套《じょうとう》手段で対抗する。今やヴァロワ王権のアキレス腱《けん》ともいえるナヴァール王シャルルならびにブルターニュ公ジャン四世との軍事援助の密約を結んだのである。しかし、この動きはアンジュー公ルイのスパイによって発覚し、失敗に終わった。

ならばと、リチャードの政権は一三七七年より四年間で三回、ポールタックスと呼ばれる人頭税の賦課を決定した。一回目の課税では、十五歳以上のすべての住民に、資産にかかわらず一シリングが課された。しかし、フランスに対する軍事的劣勢のなかでの課税には批判があがった。それは一三八一年六月七日、ワット・タイラーの登場の引き金ともなった。

ランカスター朝の成立

一三八二年十一月、仏軍はフランドル諸都市を攻撃した。諸都市はイングランドと同様にローマ教皇を支持していた。よって、仏軍の攻撃はアヴィニョン教皇のお墨付きのもと、

「十字軍」として行われた。諸都市はリチャード二世をフランス王と認めるという条件で、英軍の救援を求めた。しかし、英議会は資金不足を理由にこれを拒否した。諸都市は敗退し、イングランドとの同盟破棄とアヴィニョン教皇の承認を命じられた。

これに対して、英議会は翌一三八三年二月に至り英軍のカレー遠征を承認した。この遠征は、アヴィニョン支持のフランドル伯ルイ・ド・マールに対するローマ教皇側の「十字軍」として行われた。しかし、英軍は成果をあげることができず、九月に撤退した。その頃より、リチャードの政権はフランスとの和平路線を模索するようになる。

その後のイングランドでは、リチャードの和平路線とともに寵臣《ちょうしん》政治に対して、反国王派が形成され、闘争が繰り広げられた。議会内外での複雑な動きも絡みながら、グロスター公やアランデル伯を中心とする反国王派貴族が王の寵臣たちを告発・弾劾《だんがい》した。これに対して、リチャードは反国王派貴族の逮捕、国外追放、処刑を行った。

ジョン・オヴ・ゴーントの息子で当時ヘリフォード公だったヘンリーも、反国王派貴族の一人だった。このため、一三九八年九月にフランスに追放された。しかし、翌九九年二月三日、父のジョンが死去した。その遺領がリチャード派の管理下に置かれると、ヘンリーはクーデターを決行する。六月末か七月初め、リチャードのアイルランド遠征の隙《すき》に帰国し、ウェールズ北部においてリチャードを捕縛、ロンドン塔に監禁して退位を迫った。

一三九九年九月、ウェストミンスターホールで議会が開催された。とはいえ、それはクーデターを正当化するための集会にすぎなかった。同月二十九日、リチャードは退位文書に印章を付し、ヘンリーの王位継承への同意を余儀なくされた。父ジョンの遺領の名をとってランカスター朝が成立し、国王ヘンリー四世（位一三九九～一四一三）が誕生した。

シャルル６世の聖別　ランス大聖堂にて。後世、挿絵を作成した者が、内戦を戦ったおじたちを描かなかったとされる。『フランス大年代記』（15世紀後半の写本）より。

フランスにとっては、攻勢への絶好の機会である。だが、こちらにおいても、賢明王シャルル五世を継承したのは未成人の王であった。

「誰からも愛された」王

一三八〇年十一月四日、ランスでの聖別と戴冠を経て、シャルル六世がフランス王に即位した（位一三八〇～一四二二）。当時十一歳であった。

サン＝ドニ修道士のミシェル・パントゥワンは、王の治世末、一四二〇年よりラテン語で『シャルル六世年代記』を著した。十九世紀の仏語全訳の刊行以来、「サン＝ドニ修道士年代記」の名で知られる。これによれば、一三九二年八月、逆臣ブルターニュ公に対する遠征途上、ルマン近郊でのこと、シャルルは鉄や鋼《はがね》がぶつかる音に異常な恐怖を覚え、周囲の者に襲いかかった。以後、正気に戻ることもあったが、王はしばしば精神錯乱に襲われた。自分の名も王妃の名も、子供がいることも覚えていない。その治世は一四二二年十月まで、四二年間続いた。

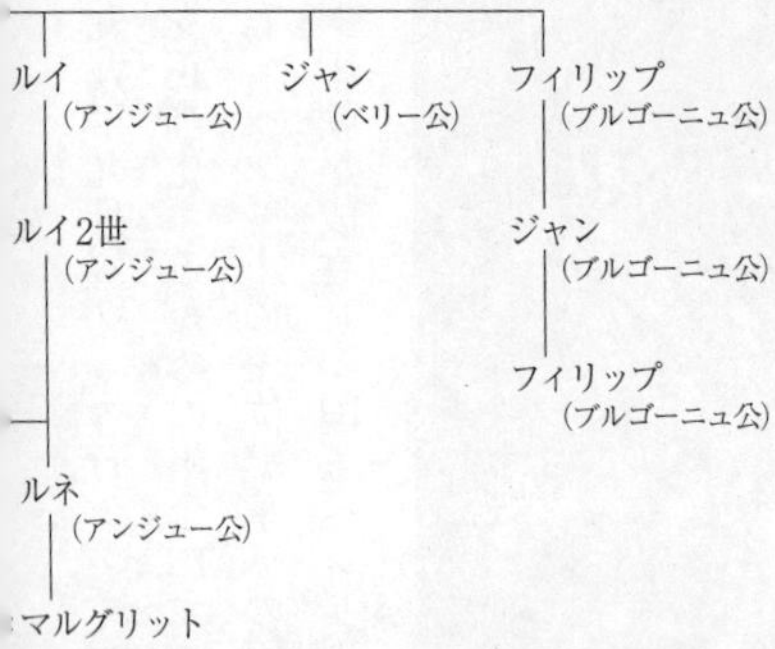

即位時の王は十一歳だったため、王国統治は四名のおじたちによって指導された。先代シャルル五世の弟であるアンジュー公ルイ、ベリー公ジャン、ブルゴーニュ公フィリップ、母ジャンヌの兄ブルボン公ルイ二世である。その後、一三八八年、十九歳になった王は親政を開始した。父王の有能な役人を呼び戻して、ブルターニュ公討伐のほか、税の廃止、そして対英和平交渉にも積極的だった。翌八九年六月十八日、英占領地カレーと仏軍拠点

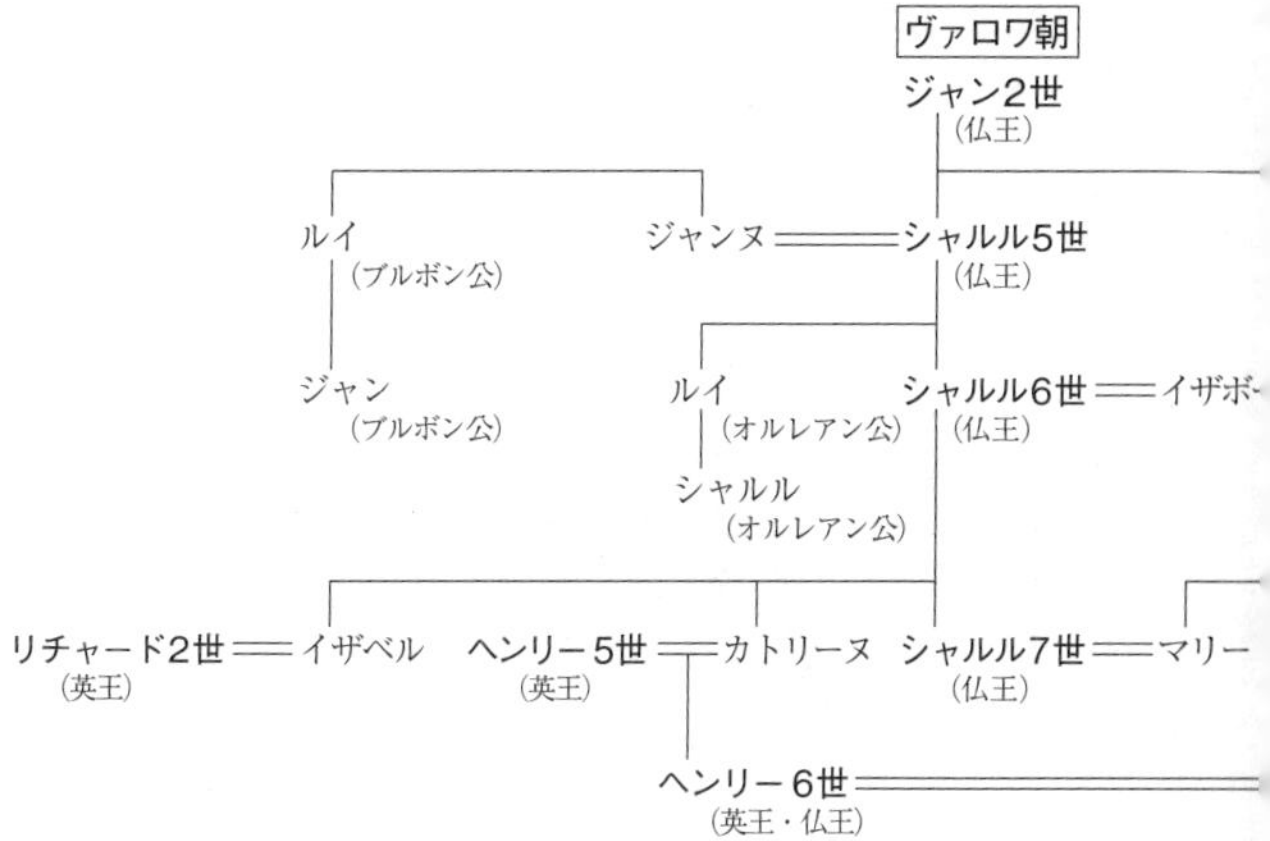

ブーローニュ・シュル・メールの中間地点、ルランゲーヌにおいて三年間の休戦協定を締結した。

シャルル六世は父王とは対照的に武芸達者であった。優しく「誰からも愛された」（『シャルル六世年代記』）。王国で徴発が濫用されているとの噂を聞くと、「貧民の苦しみで調理されたパンのかけらを食べようとしなかった」というエピソードが伝えられている（同前）。後世、アンゲラン・ド・モンストルレという人物は、年代記作者フロワサールの後継者を自任し、仏語の『年代記』を執筆した（一四四七年、ブルゴーニュ公に献呈）。一四〇〇年から始まるその記述冒頭において、シャルルは「最愛の王」と称された。

ブルゴーニュ公とオルレアン公

シャルル五世は生前、長男シャルルが若くして王に即位する事態を憂慮していた。一三七四年八〜十月、古来の様式を用いた三通の証書を作成し、王令を発した。シャルルが「十四の歳」に達するまでは、おじたちのうちアンジュー公ルイが「王国の統治権」を行使するよう命じた。その地位は「摂政」と称してもよいだろう。その後、シャルル六世の発病や王家の世代交代を経て、パリの王政府においては、ブルゴーニュ公フィリップとオルレアン公ルイをリーダーとする党派抗争が繰り広げられた。

フィリップは王の叔父（父親の弟）で、後世「豪胆公」のあだ名で呼ばれた。随所で政治手腕を発揮し、フランドル伯領の女相続人マルグリットを妻に持つ（一三七〜一三八頁参照）。一三八三年二月、十字軍の名のもとにカレーに遠征してきた前述の英軍に対して、膨大な兵力をつぎ込んで勝利した。一三八五年、シャルル六世の妻として、ドイツのバイエルン公家からイザボーという女性を迎える。当時のドイツ国王ヴェンツェルはシスマをめぐる外交網の一環として英王家と同盟を結んでいたのに対して、バイエルン公家はヴェンツェルと対立関係にあった。

一方、ルイは王の四歳年下の弟で、フィリップから見ると甥にあたった。『シャルル六世年代記』の作者ミシェル・パントゥワンは、ルイと実際に交流した印象から、成長に伴って美男子となり、パリ大学の教授をはじめ歴史や神学に精通した演説家たちよりも雄弁だったと述べる。王が最初の発作を起こした一三九二年、二十歳となった。同年十一月、一三七四年の王令が修正され、ルイがアンジュー公に代わって王国の摂政に就任した。この年、ルイの親王領には、パリ盆地に次ぐ仏王家の古くからの権力基盤が加増された。ロワール川沿いのオルレアン公領である。

ごく大雑把《おおざっぱ》にいえば、一三八〇～九〇年代はブルゴーニュ、一四〇〇年代以降はオルレアンの台頭と両家門の抗争、一四一〇年代は両者の系統を引くブルゴーニュ派とアルマニャック派の内戦状態となった。ただ、「党派」といっても、対英戦争やシスマなどについて政策や理念を共有していたわけではない。あくまで、白ユリ諸侯との主従関係を軸に血縁・友情・金銭・奉仕などを通じて結ばれた者たちの集まりであった。

2　内戦から生まれた祖国愛

英仏和平交渉をめぐる思惑

前述の一三八九年以来、休戦協定が新たに締結ないし更新された時期においても、戦闘そのものが収まったわけではない。逆に、ノルマンディーやブルターニュでは、非正規軍による略奪や襲撃が増えていた。だが、和平交渉を左右するほどの影響はなかった。

ただ、交渉の論点には変化が見られた。一三九二年、アミアンにおいて英使節から、アキテーヌ公領を英王家から分離する案が出された。分家の当主ランカスター公ジョン・オヴ・ゴーントにこれを授与することで、英仏両王家の直接対立を回避しようとする案である。しかし、地元住民が反発した。彼らはこれまで同様、イングランドからの遠隔統治、つまり、どの家門であれ直接統治を拒み、その代官による統治を望んだ。英議会も王家とアキテーヌの直接の結びつきがなくなることを恐れて反対した。

とはいえ、一三九〇年代においては休戦協定が繰り返されると、徐々に平和への気運が高まった。ただし、その背景には、戦争に専念できない両国の国内事情とともに、君主たちの思惑がうごめいていたことを見逃してはならない。たとえば当時、仏側の交渉団を率いたのはブルゴーニュ公フィリップである。彼はフランドル伯領の継承を受けて、イングランドとの戦闘を避けようとしていた。羊毛取引と毛織物生産をめぐる対立を煽《あお》らないためである。

リチャード二世の平和への熱意にも並々ならぬものがあったが、それも国内における反国王派との闘争と無関係ではなかった。反国王派貴族の多くは、王の和平路線に対して戦闘再開を主張した。彼らは、リチャードを祖父エドワード三世に比べて弱腰だと非難する。そうしたなかで、議会ほか諸勢力を味方につけ、反国王派を黙らせる最良の手段の一つが平和条約の締結であった。その証拠に、リチャードは後述するパリ休戦協定の交渉において次のように提案している。フランス王シャルル六世はリチャードとの友好の証として、反国王派を含むリチャードの家臣と臣民に敵対したとしても、リチャードを支援する。この提案は実現しなかったものの、英仏ともに和平交渉と国内の動きは常に連動していた。

「歴史に記されるに値する会見」

一三九六年三月九日、パリで二八年間の休戦協定が結ばれた。そこで、英仏両王は久しぶりに対面した。ジャン二世の釈放以来、実に三六年ぶりである。『シャルル六世年代記』一三九六年の記事には、「歴史に記されるに値する会見」と記された。その時の両国首脳たちは、この時点で約六〇年に及んでいた戦争をどのように捉えていたのか。

講和会議は前年夏より行われた。英使節団はランカスター公ジョン、仏使節団はブルゴーニュ公フィリップによって率いられた。大部分の案件は使節会議で決定され、王が出てくるのは最後の最後である。平和条約の締結には至らなかったものの、休戦協定とともに、その証として王家間の婚姻が決まった。すでにルクセンブルク家アンナと死別していたリチャード二世と仏王女イザベルとの結婚である。交渉の際、各陣営は議事の経過や決定事項について、それぞれ王の名のもとに記録を残し、同意の証拠としてこれを相手方に引き渡した。英側の記録が仏側に渡され、『シャルル六世年代記』に転記されている。

これによると今回の休戦協定は「国王陛下、その王国、大地、支配地、海のこちら側とあち側の臣民のために」締結される。一三六〇年のシャルトル休戦協定では戦争の当事者は「二つの王国」と記されたが（一一〇頁参照）、それから三六年後、当事者として「臣民」が登場した。ただ、この語が全国民というニュアンスを持ったか否かは定かではない。

一方、休戦中における双方の権利義務を明文化した協定文書には、「大地」や「臣民」の文言は記されていない。しかし、休戦の目的として「現在悲しいことに分裂したままである、母なる聖なる教会が統一と真の平和へと回帰するために……」と記された。英仏平和は、シスマを解消しキリスト教会を統一するという、カトリック世界全体の平和の前提とみなされた。

『シャルル六世年代記』は両王対面の様子も伝えている。十月二十七日、場所は英領カレーと仏領アルドルの中間地点、周囲は厳戒体制下に置かれた。住民は武器の携行、喧嘩、暴言、鳴り物を禁止された。両王は抱擁し、平和のキスを交わす。会見の地に記念の教会を建設することも約束された。さらに、儀礼的な会見だけではなかった。

この頃、シスマに関しては、ローマかアヴィニョンかではなく、両教皇を退位させたうえで、一人の教皇を選出する方法が模索されていた。パリ大学などが中心となって推進した「退位の道」と呼ばれた方法である。フランスはこれを採用し、イングランド王にも提案した。当初、オックスフォード大学が反対したが、英仏両王はこの会見において「退位の道」

をドイツ国王ヴェンツェルに提案することで合意した。

休戦期間は、一三九八年から一四二六年までとされた。そのあいだに、英仏のみならずカトリック世界の平和が期待された。しかし、聖俗の平和再建に向けた努力は、三年後に再び中断された。一三九九年、前述したリチャード二世の廃位によってである。

休戦中の馬上槍試合

和平交渉において、英仏の使節団は有利な講和条件を獲得しようと、戦勝や兵力の優位を主張し、相手を説き伏せようとした。しかし、休戦協定の更新とともにそうした主張が繰り返されると、講和会議は互いの武勲とお国自慢の場と化していった。だが、兵力の優位を証明しようと戦闘を仕掛ければ本末転倒だ。戦争を生業とする貴族・騎士たちは徐々にストレスをため込んでいった。

フロワサール『年代記』と『シャルル六世年代記』は、一三九〇年の記事において次のような話を伝えている。三名のフランス人騎士が自分たちの武勇と自国の強さを示そうと、各国の騎士との大ジュート大会を計画した。ジュートとは馬上槍試合で、なかでも一対一の競技のことをいう。貴族子弟の武芸鍛錬とその優劣を競うための場であった。だが、休戦中とはいえ戦争は終わっていない。反対する者も少なくなかったが、シャルル六世はしぶしぶ承認し、開催されることとなった。

会場は英領カレーと仏領ブーローニュ・シュル・メールの中間に設置され、大盛況だったという。観客たちは記念の景品も持たされ、満足げに帰路についた。こうなると、リチャード二世は内心面白くない。対抗して、今度はトゥールノワと呼ばれる集団の馬上槍試合を各国に呼びかけた。開催地はロンドン。フランスからも多くの貴族が参加した。

英仏ともに王の承認のもと、和平交渉と並行して馬上槍試合を開催する。戦争と平和に対して、人々はさまざまな思いを抱いたことが改めて痛感される。一三四〇年代、農民は略奪・放火・徴発を行う兵士を憎悪し、六〇年代、傭兵は平和条約が締結されたことで失業した。九〇年代、騎士は長引く平和条約交渉の傍らで、仕事ができないことのストレス解消の場を求め、王国の枠を超えて馬上槍試合を開催した。

対英路線の分裂

平和条約交渉がなかなか妥結しない一方で、フランスではシャルル六世を取り巻く白ユリ諸侯の対立は激しさを増していた。なぜなら、諸侯にとって、パリで王国統治を指揮することで得られる利益は大きい。地元の諸侯領を留守にするのはむろん心配だが、国王代行権に基づく権力行使、税からの定期金の分配、司法・行政官職の掌握、宮廷儀礼の際の席次などは、大きな権益を生んだ。それは、王が正気を取り戻さない限り、諸侯間に争いをもたらすことになる。

なかでも、王国の政策をめぐる意見対立は、各諸侯領の事情も絡みながら混乱をもたらした。対英政策もそんな争点の一つである。一三九九年九月、リチャード二世廃位の報がフランスに届いた。新国王ヘンリー四世はリチャードの和平推進に対して、対仏抗戦を主張してきた人物である。しかし、当面は反ランカスターの抵抗勢力を抑えることで精一杯だった。

一四〇〇年五月十八日、四年前に締結された二八年間のパリ休戦協定が確認された。

この休戦協定を実現した仏側の代表は、王の叔父ベリー公ジャンとブルゴーニュ公フィリップであった。彼らは同年七月には、新王朝とヘンリー四世を承認した。この時、叔父たちの脳裏には自分たちの親王領のことがよぎっていた。戦闘停止を通じて、フィリップはフランドル諸都市とイングランドとの羊毛取引の継続を、ジャンはアキテーヌに近いポワトゥー伯領統治の安定を期待した。

これに対して、今や摂政となった王弟のオルレアン公ルイは戦争再開を主張した。ガスコーニュ地方の住民に手を回し、新国王ヘンリーに対する蜂起を煽った。この作戦は失敗したものの、一四〇二年八月七日と翌〇三年三月二十六日の二度にわたり、ヘンリーに挑戦状を突き付けた。リチャードの廃位と仏王家から嫁いだ妃イザベルに対する酷《むご》い扱いへの復讐が、その動機である。この頃、叔父たちの年齢は六十歳過ぎだったのに対して、ルイは三十代になったばかり。ルイは、国王顧問会や王国の中央官職に自身の手下の者を送り込み、戦争継続への道を模索した。

ブルゴーニュ派とアルマニャック派

一四〇四年四月二十七日、ブルゴーニュ公フィリップがこの世を去った。オルレアン公ルイとの抗争は息子のジャンに引き継がれた。ジャンは八年前、教会統一事業の一環として行われたニコポリス十字軍を率いた人物である（ニコポリスは現ブルガリアの町）。敏腕政治家だった父と同様に演説が得意だった。特に税の廃止論はパリ市民の人気を博した。直情的な性格から、ついたあだ名は「無《む》畏《い》公《こう》」（恐れ知らず）。ルイとジャンは三十代前半の従兄弟同士であり、その対立の激しさは叔父と甥の対立の比ではなかった。

口うるさい叔父から解放されたルイの王政府は、王の体調が回復した同年七月十四日、ウェールズ君侯オウェン・グリンドゥルと対英軍事同盟を結ぶ。イングランドを背後から襲う計画だ。くわえて、ルイはブルゴーニュ公家への定期金支給を大幅に削減するとともに、ノルマンディーの統治権をも要求した。この専制に対して、ジャンは翌一四〇五年八月、軍隊を率いてパリに入城した。高等法院を占拠して、得意の税廃止論を中心に王国の統治改革を訴えた。政争が市街戦に発展し、世論を巻き込んだ時、事件が起こった。

一四〇七年十一月二十三日、パリの街中でルイが殺害された。夕食後の時間帯、七〜八人の覆面男が「くたばれ」の声をあげて斧《おの》や剣でルイを打ちのめした。直後、ジャンは手下に殺害を命じたことを、ベリー公ジャンとアンジュー公ルイ二世に打ち明けた。

ジャンの行為は、ルイという「暴君」の討伐として正当化されるか否か。パリ大学の神学者は激論を交わした。ベリー・アンジュー両公とともに、王妃イザボーがブルゴーニュとオルレアンのあいだに入った。一四〇九年三月、和解成立かと思えば、今度はジャンの権力拡大が止まらない。イザボーを丸め込み、王太子ルイの後見権を獲得する。パリの王国統治機関からは、オルレアン公だけでなく、七十歳手前のベリー公の家臣たちも追い払った。

パリを追われた者たちは、ルイの遺児オルレアン公シャルルの周囲に集まるようになった。ベリー公やブルボン公のほか、シャルルの岳父アルマニャック伯ベルナール七世がいた。「ガスコーニュ領主の集団上訴」を仕掛けた同伯ジャンの孫である（一二四〜一二五頁、一二八頁参照）。彼が軍司令官を務めたことから、この徒党は「アルマニャック派」と呼ばれた。一四一一年七月、彼らがシャルルの名のもとに、ブルゴーニュ公ジャンに対して挑戦状を送り付けると、政争は内戦へと拡大した。

内戦を戦うための禁じ手

ブルゴーニュ派とアルマニャック派は内戦を勝ち抜くため、公式には休戦中のイングランドに援軍を求めた。一方、イングランドでは新王朝創始後、国内の叛徒《はんと》鎮圧が続いていた。それから約一〇年という年月が経ち、対仏政策をめぐる議論も再開していた。

最初に行動を起こしたのはブルゴーニュ公ジャンである。アルマニャック派から挑戦状を受け取った二カ月後の一四一一年九月、北仏のアラスにヘンリー四世の使節を招いた。ジャンは救援の見返りに、ヘンリーのノルマンディー遠征への協力を約束した。母方から継承したフランドルの四つの都市の献上も申し出た。同盟の証として、娘アンヌと英王太子との結婚も提案した。ヘンリーは同年十月三日、槍兵二〇〇人、弓兵一八〇〇人をアラスに派遣した。

アルマニャック派は翌一四一二年一月四日、ヘンリーに対して軍事援助を申し入れた。見返りとして、アキテーヌ公領の完全返還を提案した。翌月、オルレアン公、ベリー公、アルマニャック伯、アルブレ卿がロンドンに使節を派遣した。彼らはヘンリーの代理人に対して、アキテーヌ奪還の援助とともにヘンリーへの臣従礼を約束した。

これらに対して、ヘンリー四世の周辺では二つの対仏路線が主張され、競合していた。一方は、ノルマンディーからの北仏進出を主張する。他方は、従来までと同様、アキテーヌをめぐる主権問題の解決を重視した。

結局、ヘンリーは同年五月十八日、アルマニャック派に援軍を約束した。アキテーヌの完全返還を優先して、仏中部の町ブールジュにおいて条約を締結した。その報を受け取ったブルゴーニュ公は焦った。八月二十二日、アルマニャック派を説得し、お互いにイングランド王と軍事同盟を結ばないことを誓った。しかし、時すでに遅し。ヘンリーの次男、クラレンス公トマスの遠征軍がノルマンディーから上陸していた。アルマニャック派は、一五万金《きん》エキュの大金を支払うことで撤退を要請せざるをえなかった。

衝撃を受けた読者もおられるのではないだろうか。私たちは、国民や国家という単位で考えることに慣れているからである。とすれば、両派のイングランドに対する援軍要請は禁じ手である。しかし、十五世紀初頭、明確な国境は存在していない。この禁じ手の意味を理解するうえで、先の展開を見ていく前に英仏における民の一体感にもふれておこう。

「イングランド人を愛する人々を憎み……」

講和会議でのお国自慢は、前述のように騎士を馬上槍試合に駆り立てる一方で、文筆活動にあたる者たちの一部を相手の国や民に対する罵詈《ばり》雑言へと走らせた。

フランスにおいては、十四世紀末以降、王に仕える文筆家たちが偏狭といってもいいような祖国愛を語り始めた。ジャン・ド・モントルイユという人物を通じて、これを見てみよう。

ジャンはフランス東部、神聖ローマ帝国との境のロレーヌ地方の出身で、シャルル六世の書記官であった。外交官としてイタリアにも赴き、フィレンツェでは人文主義者と交流したほどの学識の持ち主である。一三九六年、英仏両王の対面の瞬間にも立ち会った。しかし、三年後のリチャード二世の廃位により、ジャンは多くのフランス国王役人と同様に平和への望みを断ち切った。一四一一年、『フランスのすべての騎士身分へ』を執筆した。

私は、イングランド人が、神が見守るこの〔フランス〕王国を痛めつけ、壊すこと以外のことを何も望んでいないのを見る時、そして彼らがその隣人たちと致命的な戦争を行うのを見る時、彼らを憎み、嫌悪する。私は、イングランド人を愛する人々を憎み、〔彼らを〕憎んでいる者たちを愛する。

この文章が記された一四一一年は、ブルゴーニュ公ジャンがアルマニャック派と戦うためにイングランド王に救援を要請した年でもある。この頃のフランスでは、イングランド人の習慣や気質を罵《のの》る文言を載せたパンフレットや著作が出回っていた。一部とはいえ、こうした識字文化に支えられて、仏語も統一されていった。ラングドイル（北仏語）とラングドック（南仏語）のほかにも、無数にあった各地の言葉は、王とその文書、宮廷の言葉であったパリ地方の言葉によって凌駕されていった。

イングランドにおいてもこの頃、英語使用に変化が見られた。十一世紀以来、フランス北西部から来た王と貴族たちが用いた仏語は、現地の言葉と融合して、アングロ・フレンチとして発展を遂げてきた。それは王、宮廷と法廷、エリートと文芸の言葉として長く使用された。

しかし、十四世紀以降、統治機関の発達やブリテン諸島内でのアイルランド語やウェールズ語との競合、さらに対仏戦争を背景として、ロンドン地方の方言を核とした英語が発達した。十四世紀後半には、外交官としてフランスに赴いたこともある詩人のチョーサーが、英語で『カンタベリー物語』を執筆し、オックスフォード大学教授で神学者のウィクリフが聖書の英訳を完成させた。

言葉の統一は、相手への敵対感情によって刺激されただけではなく、逆に和平交渉で使節が継続的に交流することを通じても触発された。言葉をその柱の一つとする民の一体感が生まれつつあったことは、以後の戦争の展開とも無関係ではなかった。仏語よりも英語を好んだ次世代のイングランド王ヘンリー五世は、戦争に新局面をもたらしていく。

第五章　英仏連合王国の盛衰

――一四一三～三六年

この章の主な登場人物

■ヘンリー5世（1387〜1422）
ランカスター朝のイングランド王（位1413〜22）。ヘンリー4世（位1399〜1413）の子。フランス王シャルル6世の娘カトリーヌと結婚し、フランス王位の継承権を取得した。

■王太子シャルル（1403〜61）
フランス王シャルル6世（位1380〜1422）の子で、のちのシャルル7世（位1422〜61）。王位継承権をランカスター家に奪われたが、アルマニャック派によって国王に擁立される。ジャンヌ・ダルクによるオルレアン解放後、ランスの地で戴冠した。

■アルマニャック伯ベルナール（1360頃〜1418）
フランスの貴族、軍人。オルレアン派を受け継ぐアルマニャック派の首領。フランス大元帥。ブルゴーニュ派によるパリ占拠中に殺害された。

■ブルゴーニュ公フィリップ（1396〜1467）
フランスの貴族。ブルゴーニュ公ジャンの子。父ジャンがアルマニャック派に殺害されたのち、イングランド王ヘンリー5世と同盟を結ぶ。同盟の破綻によりヴァロワ家と和解した。善良公と呼ばれる。

■ヘンリー6世（1421〜71）
ランカスター朝最後のイングランド王（位1422〜61、1470〜71）。父ヘンリー5世の急逝により、生後9カ月で王位を継承。母方の祖父であるフランス王シャルル6世の没後、フランス王にも即位。英仏連合王国の統治は叔父（父の弟）たちに委ねられた。

■ベッドフォード公ジョン（1389〜1435）
イングランドの王族。ヘンリー4世の子で、ヘンリー5世の弟。幼い甥ヘンリー6世に代わり、英仏連合王国の摂政としてフランス統治にあたった。ブルゴーニュ公フィリップの妹アンヌと結婚。

■ヨランド・ダラゴン（1380頃〜1442）
アラゴン王家出身の女性で、アンジュー公家に嫁いだ。娘マリーを王太子シャルル（のちのシャルル7世）と結婚させ、南仏亡命中のヴァロワ宮廷において影響力を行使した。

■ジャンヌ・ダルク（1412〜31）
東部フランスの農民の娘。救国の神託に導かれて王太子シャルルに謁見。オルレアン解放戦に参加した。のち英軍の捕虜となり、異端審問により処刑された。

1　ヘンリー五世の征服戦争

征服王か篤信王か

一四一三年三月二十日、ヘンリー四世が死去、二十六歳の息子ヘンリー五世が即位した(位一四一三〜二二)。一四二〇年、三十三歳の時に仏王位継承権を取得した王である。優れた軍司令官であった。王室礼拝堂付き司祭は一四一七年、ラテン語で『ヘンリー五世の事績』を執筆し、同年のフランス遠征を念頭に彼を「冒険家」と評した。同時に歴代王のなかで指折りの篤信家でもあった。当時イングランドに広がった異端ロラード派の撲滅にも心を砕いた。公文書の英語化を推進した王でもある。

フランスでは、ブルゴーニュ派とアルマニャック派がパリの主導権を争い続けていた。両派はヘンリー五世への代替わり後も、イングランドとの軍事同盟を模索した。ヘンリーはフランスの内戦状態に付け込んで、要求をエスカレートさせていった。

一四一四年一月二十八日の英―アルマニャック交渉では、英使節は仏語がわからないからとラテン語での議事録作成を要求した。しかし、この当時、王の使節を務めるような人々は、おおむね仏語を解した。ラテン語を指定したのは、交渉を有利に運ぶための先制攻撃にすぎない。七月、ロンドンでの英－ブルゴーニュ交渉では、ヘンリーによる仏王位継承の問題が議題にあがった。同じく七月の英－アルマニャック交渉において、英使節はジャン二世の身代金未払い問題をとっかかりとして、仏王位継承権、仏王女カトリーヌの嫁入りと持参金、フランス王国の西側半分に加えて、プロヴァンス伯領の半分を要求した。

十一月、英議会において、フランスにおけるヘンリー五世の権利の回復が宣言された。戦争再開の合図ともいえる。その背景には、和平交渉の行き詰まりとともに、同月すなわち一四一四年十一月五日より、のちに神聖ローマ皇帝となるジギスムントがコンスタンツ公会議を召集したことがあると思われる。教会統一への見通しが生まれたことも、篤信王ヘンリーの背中を押した。

翌一五年六月十七日、アルマニャック派の使節団がドーヴァーに上陸、再交渉を試みた。仏王冠を要求する英側に対して、仏使節はヘンリーの父ヘンリー四世による王位簒奪《さんだつ》のクーデターを持ち出し、ランカスター家の王位の正統性に疑問を投げかけた。怒ったヘンリーは七月、父王が三年前にアルマニャック派と締結したブールジュ条約の写しを作成させた。その目的は、フランスの内乱を象徴する条約文書をコンスタンツ公会議でばらまき、フランスの国際的信用を失墜させることであった。一カ月後、計三回にわたるフランス遠征が始まった。

アザンクールの戦い

一四一五年八月十一日、ヘンリー五世の親征軍が英仏海峡に面するポーツマスから出航した。第一回フランス遠征である。十四日、ノルマンディーに上陸後、二〇〇〇人の騎兵、六〇〇〇人の弓兵、船一五〇〇隻とともに、セーヌ川河口の町アルフルールを攻囲した。ヘンリーは、そこにボルドー、カレーに次ぐ第三の上陸拠点を建設しようとした。

住民の激しい抵抗が続くなか、九月十六日、ヘンリーはフランスに対して挑戦状を発した。戦いを「神の恩寵のもとに置く」ことを提案するとともに、「フランスの王冠」はシャルル六世の死後、ヘンリーに「返還」されることを要求した。よって、挑戦状は病身のシャルル六世ではなく、ヴァロワ家王太子のルイ宛であった。

英軍兵士はアルフルールの攻囲を続けるなか、食糧不足、キャンプでの赤痢の蔓延《まんえん》、兵の脱走などにより、かなり疲弊していた。しかし、ヘンリーは九月二十二日にアルフルールを落とすと、周囲の反対を押し切って北上し、カレーを目指した。その間、仏軍も動き出した。アルマニャック派を中心に約二万人の兵士が集結した。しかし、内戦中である。ブルゴーニュ公ジャンの姿はそこになかった。仏軍は英軍を追尾、カレーの五〇キロメートルほど手前、アザンクールの平原で追いついた。十月二十五日、この地で、クレシー、ポワティエと並ぶ三大会戦の一つが行われた。

英仏両軍とも、中央後方に本隊が控えた。前方両翼には、仏軍が騎兵を、英軍は弓兵を配した。シェイクスピアの『ヘンリー五世』を俟《ま》つまでもなく、同時代の多くの記録が、英軍は数で劣り、大多数の兵士が満身創痍《そうい》、裸足《はだし》で戦った者さえいたことを少々大げさに伝えている。戦闘内容を比較的詳しく伝えるアンゲラン・ド・モンストルレの『年代記』は、仏軍が英軍の「六倍」の兵士を擁したと記している。しかしこれは誇張で、実際は英軍六〇〇〇～七〇〇〇人に対して仏軍二万人ほどだったと推定される。

午前十時、双方の両翼兵士が前進した。ヘンリー五世の号令のもと、英弓兵が一斉射撃を始めた。大量の矢が放たれる様子は、「あたかも雲が空を隠すほど」などと表現された（トマス・ウォルシンガム『セント＝オールバンズ年代記』、トマ・バザン《へ》『シャルル七世伝』など）。仏騎兵は大量の矢をかわそうにも、大人数の兵士が押し合い圧し合い状態だった。さらに前日は大雨で、泥とぬかるみのため、馬は前進することができない。そこに、英弓兵が短剣や斧でとどめを刺した。戦いの約二年後に執筆された前述の『ヘンリー五世の事績』は、死傷した大量の仏兵が「山積み」になったと記す。戦闘は約一時間、英軍の大勝に終わった。

カペー朝時代からの王族であるアランソン公ジャン一世、ブルゴーニュ公の弟ブラバント公アントワーヌ、当時のフランス大元帥シャルル・ダルブレなどを筆頭に、死者は三〇〇〇人とも六〇〇〇人ともいわれる。アルマニャック派のオルレアン公シャルルやブルボン公ジャン一世が捕虜に取られた。対する英側の死者は、諸説あるが、五〇〇人ほどだったとされる。

フランス征服への序曲

ヘンリー五世は、アザンクールの戦いから四日後の十月二十九日、カレーに到着した。オルレアン公などの捕虜を誇示しながら町に入城した。十一月四日、王不在の本国、ウェストミンスターで開かれた議会は、ヘンリーに対して生涯にわたる羊毛関税の賦課を承認した。十一月二十三日、ヘンリーは「英雄！」と歓呼されながらロンドンに凱旋《がいせん》する。

この頃、当時ハンガリー王のジギスムントが英仏間の調停に動き出した。それは、みずから主催するコンスタンツ公会議の目標、教会統一への布石でもあった。十二月、ジギスムントはパリを訪れた。そこでは、アザンクールの敗戦後、王政府の担い手が手薄となっていたのに加えて、アルマニャック派諸侯の足並みも揃わなかった。七十五歳のベリー公ジャンは和平交渉に積極的であったが、フランス大元帥に就任したばかりのアルマニャック伯ベルナールは戦争続行を求め、アルフルール奪還をもくろんでいた。ジギスムントは翌一四一六年春に渡英し、八月十五日、ヘンリー五世と対仏相互援助同盟を締結した。

ヘンリーはその後ろ盾を得て一四一七年七月、第二回フランス遠征に出発した。それは従来までの進攻とは違った。戦闘・戦利品・身代金が目的ではない。ノルマンディーを「征服」するための遠征だった。よって、兵士の略奪は禁止され、住民が見捨てた土地は英兵やイングランド支持者に給付された。ブリテン島からの植民も始まった。一四一九年一月十九日には、同地の中心都市ルーアンが英軍により陥落した。この間、ヘンリーは一四一八年末の講和会議で、一三六〇年のカレー条約を「偉大な平和(マグナ・パクス)」と呼びながら、領土の割譲とともにジャン二世の身代金など、条約内容の執行を求め続けた。

フランスでは内戦が激しさを増していた。一四一七年四月、アルマニャック派がパリから王妃イザボーを追い出した。イザボーはフランスの東部、シャンパーニュ地方の主要都市トロワに臨時政府を置いた。やがて、ブルゴーニュ公ジャンと連携する。翌一八年五月、今度はブルゴーニュ派がパリを奪回した。アルマニャック派では、首領アルマニャック伯ベルナールをはじめ、多くの者が命を落とした。

ここで忘れてはならないのは、国王シャルル六世は病身とはいえ、聖別された正統な王であり、権威と権力の源泉だったことである。イザボーはトロワに逃れる時、夫シャルルを連れて行った。対するアルマニャック派はパリを追われた時、次世代の権威の源泉である王太子を連れ出した。長男と次男は早世しており、三男ルイに続いて前年には四男のジャンも死去したため、五男のシャルルがその座にあった。のちのシャルル七世である。王太子一行は南下し、王国中部のロワール川の南方に落ち着いた。一四一六年に亡くなったベリー公ジャンの拠点都市、ブールジュに到着する。

トロワ平和条約への道

一四一七年、シスマ（教会大分裂）が終結した。新教皇に選出されたマルティヌス五世（位一四一七～三一）は、翌年初めより英仏の和平仲介を再開した。ブルゴーニュ派、アルマニャック派、イングランドは、枢機卿を挟んで和平交渉を繰り返した。

一四一九年九月十日、パリ南東のモントローの橋において、アルマニャック派が擁する王太子シャルルとブルゴーニュ公ジャンの会見が行われた。ここで事態は急転換する。パリを追われていた十六歳の王太子シャルルが、そのパリを支配していた四十八歳のジャンの殺害を命じた。橋上、ジャンがシャルルに形式的な挨拶《あいさつ》をし、両者が会話を交わした時である。シャルルの臣下の一人が斧でジャンを殴った。同じく数名の者がジャンを襲ったため、ジャン配下の者たちが駆けつける。しかし、時すでに遅し。ジャンは即死である。

当時、ブルゴーニュ派と提携していた王妃イザボーは、一〇日後の九月二十日、イングランド王ヘンリー五世に書簡を発した。内戦終結のために協力してほしい、とあった。この間、ジャンの長子フィリップがブルゴーニュ公位を継承した。王太子より七歳年上で、父と祖父に似てか、交渉事に長《た》けていた。独仏国境と低地地方に広がる西ヨーロッパ最大の公国を継承し、のちに「善良公」と呼ばれる。パリ市民は父ジャンの時と同様、フィリップに忠誠を宣誓した。

フィリップは十月二十六日、ヘンリー五世との和平交渉を急いだ。ヘンリーは場所を変えながら巧みに交渉を進める。結果、仏王女カトリーヌとの結婚、仏王位継承権の取得に焦点を絞り、フィリップの同意を求めた。だが、ここで今一度思い出してほしいのは、シャルル六世はこの時も存命だったことである。王太子シャルルがジャン殺害に関与していたとしても、その父であるフランス王とブルゴーニュ公の主従関係は破棄されていない。ヘンリーからの要求受諾は、王への反逆行為とならないのか。フィリップは顧問の法律家に助言を求めている。結果、要求を受け入れ、十二月、ルーアンにおいてシャルルに対する攻守同盟が成立した。

モントローにおける殺害事件の衝撃のためか、この英―ブルゴーニュ同盟成立の背景としては、ブルゴーニュ側の動向に目が行きがちである。しかし、ヘンリー五世側の思惑も考えねばならない。ヘンリーは、アルマニャックとブルゴーニュの提案を天秤《てんびん》にかけていた。それは、両派が援軍の見返りとして差し出した領地である、アキテーヌかノルマンディーかの選択でもあった。結果、ヘンリーはブルゴーニュとの同盟を選んだ。アキテーヌ（ボルドー）からの上陸ではなく、カレーあるいはアルフルールからの上陸を重視した。ここに来て、戦争の焦点は十四世紀におけるアキテーヌの主権獲得から、パリとノルマンディーを中心とする北仏征服へと動きつつあった。

翌一四二〇年一月十七日、国王シャルル六世の名のもとに、パリの住民に対して「王国の摂政を自称する」王太子シャルルへの不服従と断交が命じられた。モントロー事件は、「文字そのほかの記憶のなかで、王国においてのみならず、この世界において、これほど極悪非道な裏切りはなかった。（中略）本書簡は〔パリにおいて〕毎週、市場の日に公示される」。この書簡はトロワにおいて発せられている。よって、病身の王と一緒にいた王妃イザボーが書簡作成に関与したことは間違いない。つまり、母イザボーが息子のシャルルを葬り去ろうとしたのだともいえる。

二カ月後の三月二十三日、そのトロワの町にブルゴーニュ公フィリップが合流した。さっそくイザボーと英仏間の平和条約について詳細を話し合った。その内容がほぼ出揃った五月二十日、ここにヘンリー五世一行が到着した。

何のための英仏連合か

その翌日、一四二〇年五月二十一日のことである。フランス王シャルル六世とイングランド王ヘンリー五世がトロワ平和条約に調印した。六月二日には決定事項の一つ、ヘンリーと仏王女カトリーヌの婚礼がトロワのサン＝ジャン教会で挙行された。条約は全体で三一条項から成る。ブレティニー＝カレー平和条約の約半分の条項数である。四つに大別して示そう。

①ヘンリー五世とカトリーヌの結婚：ヘンリーはシャルル六世夫妻の「息子」とみなされた。これは、②の前提条件でもある。（第一〜五条）

②英王家によるフランス王国の継承と統治：シャルル六世は存命のあいだ王にとどまり、ヘンリーは「摂政」として王国を統治する。シャルルの死後、ヘンリーないしその相続人が「フランス国王」に即位する。（第六〜二三条）

③英仏連合王国の成立：両王国は「同じ時に違う王のもとで別個に治められず、（中略）一人の同一人物によって治められる」。両王国とも従来の「法律、権利、慣習、慣例」を維持したまま、ヘンリーとその相続人に帰属する。（第二四〜二六条）

④付属条項：シャルル六世の地位と居所が保障され、王太子シャルルとの同盟および条約交渉が禁止された。（第二七〜三一条）

最大の焦点は、ヘンリーないしその相続人に仏王位継承権を授与した第六条および第二四条であろう。第二四条はこの措置の目的を、「二つの王国のあいだで将来、争い、対立、不和が起こるような困難と機会を防ぐために（以下略）」と記している。英仏二つの王位を一人の人間に託して連合王国を創設することは、英仏平和のための手段と位置づけられた。この措置によって、ヴァロワ家の王太子シャルルは事実上、仏王位継承権を失った。

むろん、平和条約締結の背後では、英仏双方の諸勢力の思惑がうごめいていた。ブルゴーニュ公フィリップは連合王国において、ヘンリーに次ぐ第二の地位を望んだ。王妃イザボーも第二ないし第三の地位を望み、連合王国の王妃となる娘への影響力行使を考えた。

それでは、ヘンリーの真意はどこにあったのか。彼はエドワード三世とは違って、本気でフランス王になろうとしたといわれることが多い。ジャンヌ・ダルク研究で知られるフランスのオリヴィエ・ブジーによると、ヘンリーは、父ヘンリー四世のクーデターを十三歳の時に、直接見ていなくとも経験している。この経験を持つヘンリーにとっては、エドワードに比べて、王位簒奪という行為への心理的障壁は高くはなかったという。

イギリスにおける百年戦争研究の大家の一人マーカム・ヴェイルは、最新のヘンリー五世論のなかで、王がさらに大きな野望を抱いていたと考えている。英仏の王位を兼ね、フランスの内戦を終わらせた暁には、英仏連合による十字軍を率いるという計画である。その敵はボヘミアのフス派か、オスマン帝国のイスラーム教徒なのか。ヘンリーが条約締結の二年後に死去したことなどから、英仏連合成立を目指したヘンリーの真意がどこにあったのかを解き明かすことは難しい。

ヘンリーは勝ったのか

トロワ平和条約は一見したところ、イングランドに圧倒的に有利な条約である。序章（二二〜二三頁）で紹介したように、シェイクスピアは戦争の期間を八〇年ほどと思い描きながら『ヘンリー五世』を執筆した時も、ヘンリーによる仏王位継承をもってイングランド勝利の証と考えていた。フランスでナショナリズムが高揚したといわれる十九世紀中葉以降の歴史家は、条約を酷評することが多い。イングランドがフランスから「王国と子供を取り上げた」（ジュール・ミシュレ）や、「それまで輝いていたフランスの運命に終止符を打った。そして我々の国をイングランドの属国にした」（アルフレッド・コヴィル）など、条約は負の遺産と考えられてきた。

これに対して、二十世紀後半以降は、条約の実効性の低さや不備などの点が指摘される傾向にある。仏王位継承権を例に考えてみよう。ヘンリーとカトリーヌの結婚から生まれる王子は母を介してシャルル六世の孫であり、仏ヴァロワ王家の血筋を引くこととなる。しかし、ヘンリー自身はシャルルの血を引くわけではない。

たしかに、ヘンリーはシャルルの「息子」だと明記された（第一条）。むろん、義理の息子である。しかし、これを根拠に仏王位継承権をヘンリーに授与したとするならば、条約はシャルル六世とその先代たちが仏王位を継承してきた事実を認めていることになる。その前提のうえに、平和条約に基づいてヘンリーによる王位継承権が承認されたといえる。だが、この前提は、八〇年前にエドワード三世が母イザベルの血統を介して仏王位継承権を主張し、王朝交代後もヘンリー四世が「フランス国王」を名乗ってきた事実と矛盾するのではないだろうか。

ブルゴーニュ公フィリップの仲介のもと、条約はシャルル六世が健全な精神状態になく、王太子シャルルが亡命中の時期に締結された。さらに、ヘンリーがフランスにいるあいだにと性急に作成された。詳細を詰める時間的余裕はなかったと思われる。そのことは、ブレティニー－カレー条約の約半数という条項数にも示されている。序章で紹介したイギリスの歴史家アン・カリーは、「イングランドにとって益なし、フランスの勝利か？」と問いを発している。フィリップ・コンタミヌヌもまた近著『シャルル七世――その生涯、政治』（二〇一七年）において、「トロワ条約――その目的は？」と同じく問いを発している。以下、これらの問いを念頭に、英仏連合王国の行方を見ていこう。

2　トロワ平和条約への賛否

トロワ平和への賛同

当時の人々は、英ランカスター王家による仏王位継承権の取得をどう考えたのか。フランス王国の都パリは、もとよりブルゴーニュ公フィリップを支持していた。その仲介によって成立した条約は、市民ほか当時の世論を代表したパリ大学、パリ高等法院などによって受け入れられていった。

条約締結から約半年後、一四二〇年十二月に開催されたラングドイル（北仏語圏）全国三部会は条約を承認した。英―ブルゴーニュ勢力下にあったロワール以北の諸都市も、大部分が平和条約遵守を誓った。フランス外では、条約締結から二カ月後の七月三十一日、ハンガリー王およびボヘミア王のジギスムントが条約を賞賛する証書を発給した。

この時代のパリに関する第一級の記述史料として、通称『パリの住人の日記』がある。筆者はパリ司教座の聖職者で、ブルゴーニュ派の人物と目される。一四二〇年の記事によれば、王女カトリーヌをヘンリーに渡さねばならなかった原因は、アルマニャック派の悪行にある。彼らは当時、パリ周辺において「殺害、略奪、放火」など「悪魔にしかなされえない悪行」

を重ねた。彼らが毎年のようにパリの城壁付近で略奪と暴動を行い、そのことが小麦やワインの異常な高騰を招いている、と筆者は嘆いている。「住人」は、アルマニャック派支配よりも英支配を受け入れている模様だ。

しかし、トロワ平和条約への支持者獲得の陰では買収や脅迫が行われた。後世の記録であるが、英占領下のノルマンディー出身の聖職者トマ・バザンは一四七〇年代に『シャルル七世伝』を記した。当時のパリ大学では、どの学部であれ学生は学位を取得する時、所属学部の長に対して条約を遵守すると誓わねばならなかった。国王役人に就任する時にも、条約遵守の宣誓を義務づけられた。

『シャルル六世年代記』は、前述のようにサン゠ドニの修道士によって記された官撰の年代記である。それは条約締結直後の一四二〇年以降より、事実の簡潔な記述を目指して書かれた。そこでは、条約は一部の人間たちによって承認されたが、長続きしなかったと史実が淡々と記されるにすぎない。冷ややかな反応とも、黙認とも、諦《あきら》めとも解釈することができる。記述スタイルゆえの短い記述なのか、王家の分裂に直面しての反応なのか。

トロワ平和への抵抗

これに対して、ロワール川以南の都市や地所は、その大部分が王太子シャルルの勢力下にあった。王太子を担いだアルマニャック派は、条約の成立自体を認めなかった。

御用学者たちは、トロワ平和条約締結の噂が流れた頃よりペンを走らせていた。その一人、ジャン・ド・テルヴェルメイユは、ラングドック（南仏語圏）の主要都市モンペリエの市政役人で、法学を修めていた。彼は、王といえども王位継承の順番を変更することはできない、王が心神喪失の場合、王国統治権を含めてすべての権利は王太子に帰属する、と主張した。

英－ブルゴーニュ同盟の圧力のもとで条約承認への買収や脅迫があったように、王太子シャルルの勢力圏においても支持者獲得のためのさまざまな取引が行われた。シャルルは、ラングドック地方の支持を得るために、同地の中心都市であるトゥールーズに高等法院を設立することを約束した。条約締結の直前、一四二〇年三月二十日のことである。高等法院とは王の最高法廷であり、すべての王国住民には、地方役人のもとで解決に至らなかった案件をそこに持ち込むことが許されていた（七一～七二頁参照）。しかし、パリの高等法院の評定官が南仏の法を熟知しているとは限らない。

これに対して、ラングドックにも高等法院が創設されると、住民はみずからの抱える案件について、パリまで赴かなくとも最終的な判決を得ることができることとなる。住民には、不文か成文かは問わず、自分たちの生活圏であるラングドックの法によって、法的な争いを解決する可能性が開かれた。

ところで、当時のラングドックにおいては法律の専門家が職にあぶれていた。三年前の一四一七年、シスマが終結し、教皇庁がアヴィニョンから去っていたからである。つまり、南仏から法律家の巨大な職場がなくなったばかりであった。トゥールーズ高等法院の創設は、こうしたラングドックの事情に応じるものでもあった。これらの措置と引き換えに、王太子は同年五月十八〜二十三日、ラングドック三部会を開催し、二〇万リーヴルの援助金を得た。

王国中東部の町リヨンにおいても、高等法院設立が議論された。それは、実現には至らなかったものの、リヨンでは同年三月三日、年二回、六日間の定期市の開催が承認された。なお王国外では、フランスの同盟国であるスコットランド、カスティーリャはトロワ平和条約を承認しなかった。統一後間もないローマ教皇庁も条約の承認には否定的だった。

英仏連合王国の成立

ヘンリー五世は一四二一年二月、カトリーヌとともにイングランドに帰還した。三年半ぶりの帰国である。だが意外に思われるかもしれないが、アザンクール後の凱旋とは異なり、ヘンリーを待っていたのは議会の不安と動揺であった。

五月二十一日、議会は帰国後間もないヘンリーに対して次のように要求した。王は議会の会期中はイングランドに滞在する。議会のいかなる請願もフランスには送付せず、イングランドにおいて検討する。人口や面積だけ見ればフランスはイングランドの三倍の国力を持つ。人口はペストで縮小したとはいえ、イングランドの諸身分は、ランカスター家がロンドンよりもパリに滞在し、そのことがイングランドのフランスへの従属を招くのではないかと危惧していた。

　ヘンリーは六月、第三回のフランス遠征に出発した。しかし翌二二年五月に赤痢で体調を崩し、八月三十一日に帰らぬ人となった。大方の予想に反して、フランス王シャルル六世よりも先にヘンリーが死去した（享年三十五）。イングランドでは、その長子で生後九カ月弱のヘンリー六世が王に即位する（位一四二二～六一、七〇～七一）。トロワ平和条約に従って、シャルルは仏王位にとどまったが、そのシャルルも二カ月後の十月二十一日に死去した。

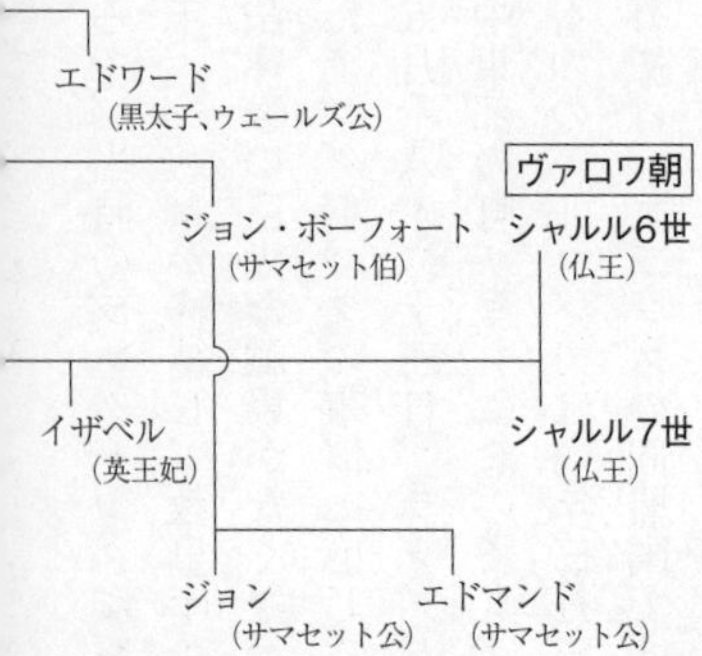

　これをもって、イングランド王ヘンリー六世が仏王位を継承した。フランス王としてはアンリ二世である。史上初めて英仏二つの王位が一人の人物に帰属した。しかし、保持者は生後十カ月半。連合王国の統治は新王の叔父、つまり前王の弟たちに委ねら

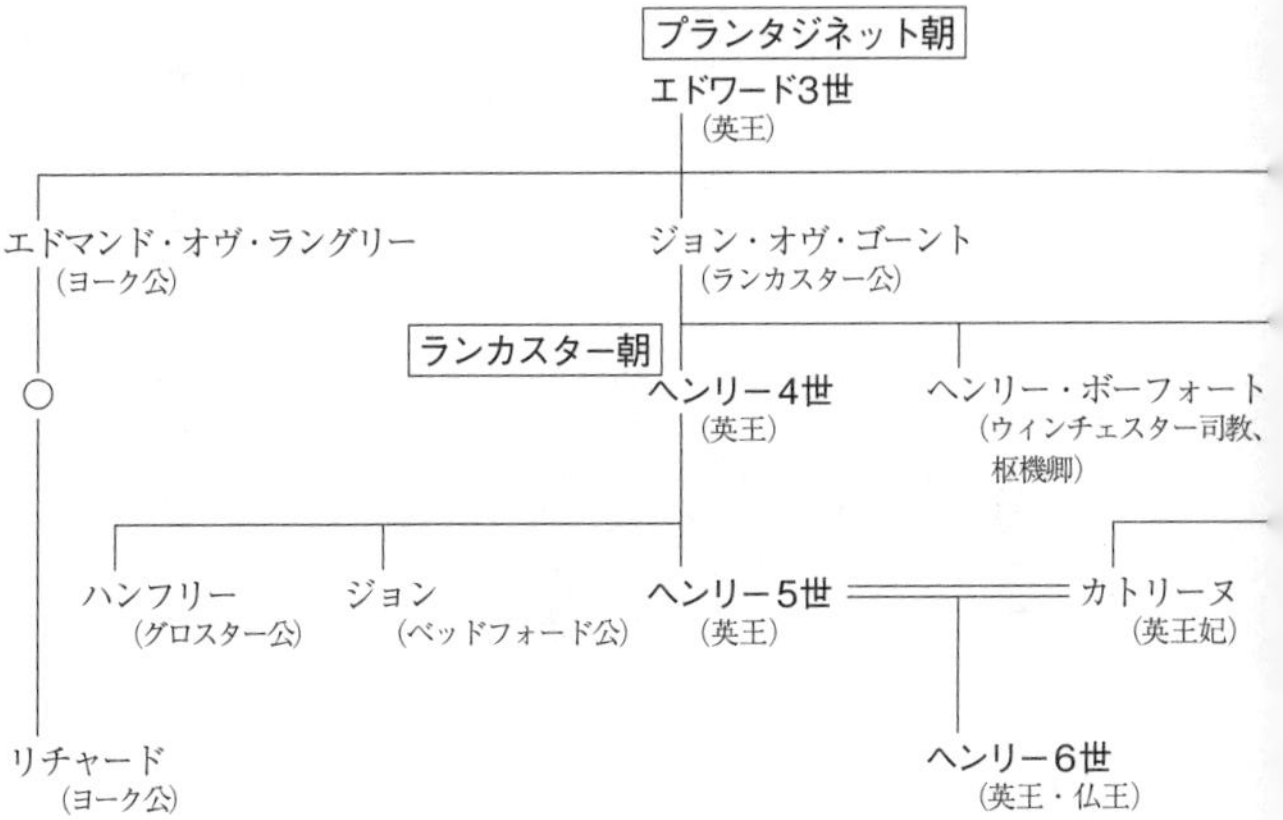

れた。

連合王国の摂政にはベッドフォード公ジョン（当時三十三歳）、国王ヘンリーの後見人にはジョンの弟のグロスター公ハンフリー（当時三十一歳）が任じられた。これらの措置は第三回のフランス遠征の直前、前年六月十日付のヘンリー五世の遺言書におおむね沿ったものだった。ただし、遺言書によると、ブルゴーニュ公フィリップが摂政の地位を望んでいた形跡があることを記憶にとどめておこう。

一方、ヴァロワ家の王太子シャルルはアルマニャックの残党に支えられ、父王の死から九日後に国王即位を宣言。一四二二年十月三十日、「シャルル七世」を名乗った。ただし、シャルル七世（この時点では）にしてもアンリ二世にしても、ランス大聖堂での戴冠式を挙行していない。よって、しばらくはシャルルを「王太子」、アンリについては「ヘンリ一六世」と記す。

女傑ヨランド・ダラゴン

英仏連合王国の摂政ベッドフォード公ジョンは計算高く、状況に応じて柔軟さと権威を使い分ける活力旺盛《おうせい》な人物だったとされる。そうした評価は、北仏における行政官としての任務と、南仏における征服者としての任務を同時に遂行したことに由来する。

まずジョンは、改めて同盟網を固めた。一四二三年四月十三日、北仏のアミアンにおいてである。反ヴァロワの二大諸侯、ブルゴーニュ公フィリップおよびブルターニュ公ジャン五世と軍事同盟を締結した。同盟締結の背景として、すでに前年十二月には、両諸侯家門の結婚とともに、ジョン自身とフィリップの妹アンヌ・ド・ブルゴーニュとの結婚が決められていた。

一四二四年にかけて、ジョンは経験豊かな軍司令官に支えられて戦勝を重ねた。同年八月十七日、ノルマンディーのヴェルヌイユでの戦いでは、スコットランドとジェノヴァの兵士も加わった仏混成軍を壊滅させた。この直前より、ジョンはロワール川中流域を支配領域とするアンジュー公およびメーヌ伯を名乗った。その地は当時、ヴァロワの親王家アンジュー公家に帰属したが、ジョンは翌二五年七月、メーヌの中心都市ルマンを占領する。

大きな打撃を受けた王太子側では、路線変更を余儀なくされた。英－ブルゴーニュ同盟との徹底抗戦を訴えるアルマニャック保守派に対して、国内諸侯との和解路線が浮上した。主導者はヨランド・ダラゴンという女傑である。アラゴン王家から今述べたばかりのアンジュー公家に嫁いでいた。一四一三年、ヨランドはアンジュー公家の家門戦略の一環として、娘マリーをヴァロワ王家の三男シャルルに嫁がせた。のちの王太子シャルルである。

こうして王太子の義母として力を持ったヨランドの影響もあり、シャルルは一四二四年十月十九日以来、ブルターニュ公ジャン五世と和解交渉を行った。ヨランドのお膝元、アンジュー地方の中心地アンジェにおいてである。取引材料として、ジャンの弟アルテュール・ド・リッシュモンにフランス大元帥への就任が約束された。翌二五年一月には、ヴァロワ、ブルゴーニュ、ブルターニュの三者会談が実現した。このヴァロワ－ブルゴーニュの交渉再開はすぐに成果をもたらさなかったが、ジャンヌ・ダルク登場を経て約一〇年後に響いてくる。

同年八月、ベッドフォード公が一時帰英したこともあり、戦場には膠着状態が訪れた。モン・サン＝ミシェルの攻防はその象徴である。現在、世界遺産に登録されているその地は、英軍から見てノルマンディー上陸の入り口の一つであった。英軍は一四二四年九月より海上封鎖を行ったが攻略できない。仏軍が後方支援に入り、攻囲戦は長期化していた。

ロワール越えとオルレアン

ロワール川沿いの町オルレアンは、ブールジュから北に一〇〇キロメートルほどに位置する。一四二九年五月八日、ジャンヌ・ダルク擁する仏軍はこの町を英軍の攻囲から解放した。一般には、この救出劇が仏勝利を導いたと教えられる。なぜ、この戦いは重要だったのか。現在、パリから電車でも車でも約一時間半、町の中央広場にはジャンヌの巨大な騎馬像が立っている。司教教会であるサント＝クロワ聖堂は、ステンドグラスを通じて彼女の生涯を伝えている。ジャンヌばかりに気を取られてしまうが、それだけではなかった。

フランスを南北に二分するロワール川は、英仏の勢力圏を分けていただけではない。両者の対立を利用して勢力拡大をもくろむブルゴーニュ公とブルターニュ公の領地が、英仏の勢力圏と接したのもロワール付近であった。

膠着していた戦線が動き出したのは、一四二八年である。ソールズベリー伯トマス・モンタギュー指揮下の英軍がカレーに再上陸した。連合王国の都パリでは、ロワール越えが議題にあがった。ベッドフォード公ジョンは、自ら支配権を主張するアンジュー地方から崩していく作戦を主張した。しかし討議の結果、パリからブールジュへの最短経路が選ばれた。この経路とロワール川がぶつかる地点こそがオルレアンであった。隊長のトマスは、勝利の暁にはオルレアン公領を取得できると約束されて、行軍を開始した。

同じ頃、フランス東部のロレーヌ地方では、英－ブルゴーニュ連合軍がジャンヌゆかりの地を襲っている。一四二八年七月、王太子派の飛び地であるヴォークルールが攻撃されたのである。この時、ジャンヌは出身地のドンレミ村から隣町に避難している。八月以降、英軍は北仏の諸都市を落とし、十月にオルレアン手前に到達、トゥーレルと呼ばれる櫓への攻撃を始めた。

サント＝クロワ聖堂のステンドグラス　ジャンヌ・ダルクがオルレアンを解放した場面が描かれている。

町の領主はオルレアン公シャルルである。内戦中に殺害されたルイの遺児で、当時三十三歳であった。しかし、シャルルはアザンクールの戦いで捕虜となったままである。中世ヨーロッパでは、領主不在の町への攻撃は騎士道に反すると考えられていた。とはいえ半世紀余り前、賢明王シャルル五世治下の仏軍も夜襲を仕掛け、英軍の寝込みを襲った。お互い様である。

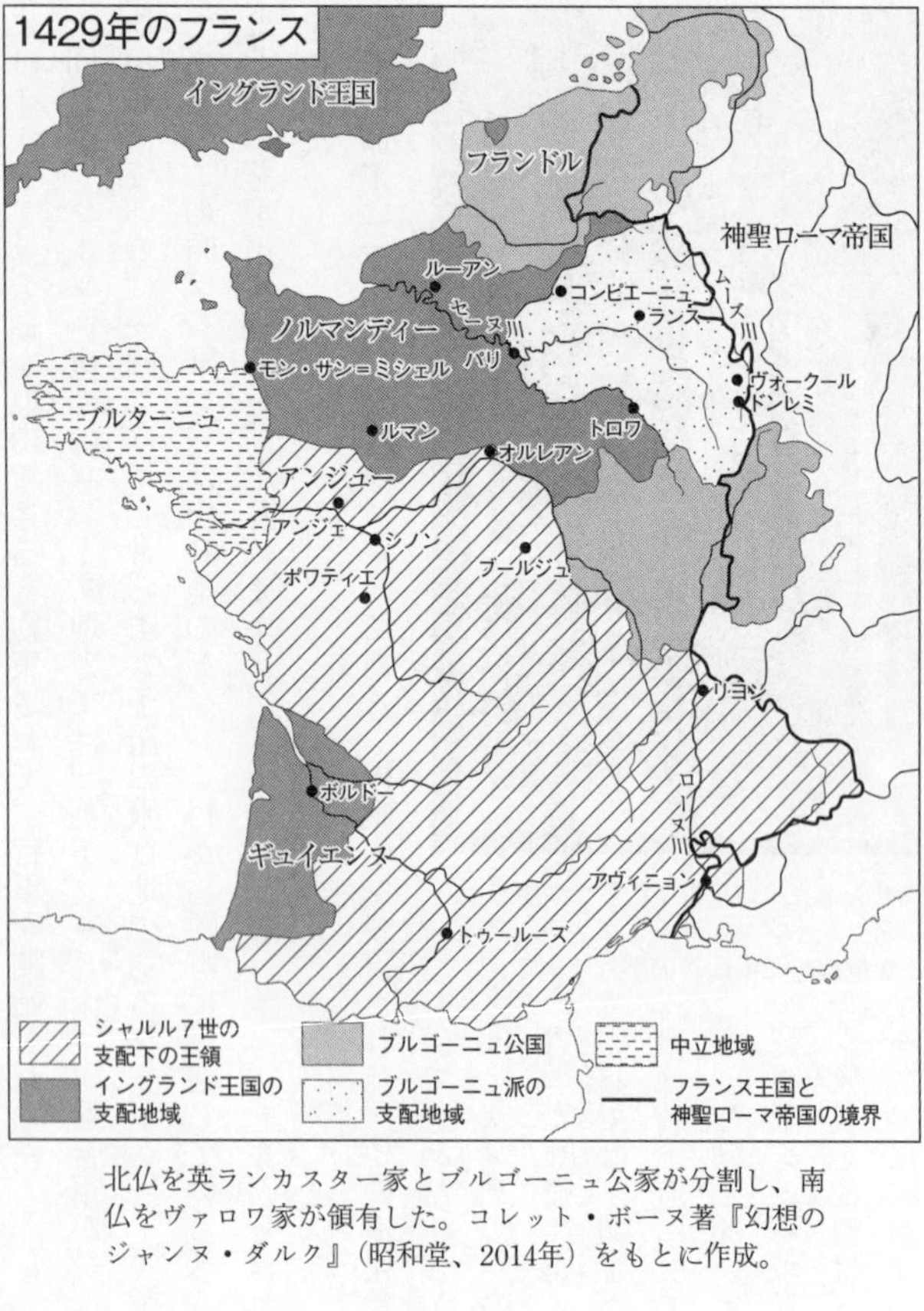

北仏を英ランカスター家とブルゴーニュ公家が分割し、南仏をヴァロワ家が領有した。コレット・ボーヌ著『幻想のジャンヌ・ダルク』（昭和堂、2014年）をもとに作成。

英軍はすぐに、パリからジョン・トールボットやジョン・ファストルフらの軍人を呼び寄せ、食糧補給を要請した。これに対して、王太子シャルルは十月三十日、アンジェから南東七〇キロメートルほどの町シノンにおいて全国三部会を開催した。スコットランドとの同盟の更新を報告し、課税の承認を得た。年明けには、のちにジャンヌの盟友の一人となる先代オルレアン公の庶子ジャン（当時「オルレアンの私生児」と呼ばれた）を送った。

一四二九年二月十二日、英軍の食糧補給隊が到着し、仏軍との戦闘が始まった。この戦いは、ニシンを載せた三〇〇台の荷車が現れたことにちなんで、「ニシンの戦い」と呼ばれる。結果は英軍の勝利。その後、仏軍にはラ・イールやラウル・ド・ゴクールなど、こちらものちにジャンヌの盟友となる軍人が駆け付けた。

預言者ジャンヌ・ダルク

ジャンヌ・ダルクの足跡については、日本でも研究書や啓蒙書《けいもうしょ》が出版されており、優れた翻訳も多い。ここでは彼女の行動の記述は必要最小限にとどめて、百年戦争や英仏関係に関わる事柄を中心に述べておきたい。

彼女は自身を「預言者」とみなした。神の告げる言葉を預かり、地上に伝え、以後の行動への指針を与える。彼女へのお告げは、フランスに行き、英軍を撃退し、王太子をランスで戴冠させなさい、という内容だったという。ただし、預言者と呼ばれた人々はジャンヌの先にも後にも大勢いた。国王宮廷には、入れ替わり立ち替わり預言者がやってきて、政策を助言した。ジャンヌはそんな預言者の一人にすぎなかった。

しかし、彼女は一四二九年二月末、シノンで王太子シャルルに謁見し、神の言葉を伝えただけでなく、軍に参加した。同年四月に武器を与えられ、五月八日にオルレアンの攻囲戦で勝利を収める。絵画も残されているように、七月十七日、王太子の聖別と国王即位の場に居合わせた。そして何より、以上の行程において、彼女は、聖書で禁じられていた男性の服装をした。それらの点では、前例のない預言者であった。

フランス語を話した聖女

ジャンヌは、英仏連合に対してどのような思いを抱いていたのか。彼女はシノン到着から約一カ月後、イングランド王ヘンリー六世とその軍司令官たちに対して口述筆記してもらった書簡を送っている（「イングランド人への手紙」）。

イングランド王よ、私は汝の兵士らをフランスのどこででも待ち受け、そこから退却させるだろう。（中略）私は天の王である神によって、汝をフランスから追い払うためにここに遣わされている。

ジャンヌを救世主とみなす後世の評価や戦争のその後の展開を知っていれば、特に気に留めることもない文章かもしれない。しかし当時、フランス王国においては、英ランカスター家のフランス支配を受け入れたパリの高等法院や大学、「パリの住人」から、条約の成立を認めないアルマニャック派まで、さまざまな意見があったことを忘れてはならない。また、王太子周辺において、この時点で、フランスに残る英大陸領や駐留軍の即時撤退まで考えられていたかは定かではない。ジャンヌのいう「フランス」の範囲は定かではないが、彼女の考えは当時としてはかなり過激だった。

ジャンヌの行動や考え方を伝える重要史料の一つに、「処刑裁判記録」がある。ジャンヌは、一四三〇年にパリ北方のコンピエーニュで、ブルゴーニュ派の兵士に捕えられた。その後、一万リーヴルという平民としては破格の身代金と引き換えに、イングランドに引き渡される。翌三一年五月三十日、英占領下のルーアンにおいて、異端審問の末、処刑された。そこでの尋問と回答の内容が英側の書記によって記録された。同年三月一日の審問において、ジャンヌに神のお告げを伝える天使たちについて次のような問答があった。高山一彦訳を引用しよう。

〔被告ジャンヌは〕同じく、聖女達の話しかたは明瞭《めいりょう》でよく理解できた、と述べた。（中略）同じく。この声は美しく、優しく、慎ましいもので、フランス語で語られたものだ、と述べた。聖女マルグリットは英語を話したかと問うと、「聖女マルグリットはイギリス派ではないのに、どうして英語を話すのでしょうか」と答えた。

英側の記録のため、多少の脚色があるかもしれない。しかし、ジャンヌの脳裏には、それぞれ違う言葉を話す「フランス人」と「イギリス（イングランド）人」が存在していたようである。逆に、このことを踏まえて先の「手紙」を読むと、ランカスターが仏王位を握る現状を異常事態と考え、英軍の全面退却を求めるジャンヌの「過激な」考えも理解できる。このような英仏観は当時、ジャンヌのほかは偏狭な愛国主義を謳った文筆家など少数派だった（一六八〜一六九頁参照）。しかし、ジャンヌの発言や行動はその後、フランスが外敵の脅威にさらされるたびに顧みられ、そのたびにジャンヌは英雄視されていくこととなる。

3　仏－ブルゴーニュの単独講和

勝利王シャルル七世の評判

ジャンヌ・ダルクが見守る前でフランス王に戴冠し、百年戦争に勝利したシャルル七世は、どんな人物だったのか。この王の評判については少々複雑な事情がある。死後、特に近代以降の評判には、ジャンヌ・ダルクの存在が絡んでいるからである。彼女の生涯は世界中において、伝記や歴史教科書ほか映画を通じても伝えられている。日本でもよく知られている作品から、一九四八年、ハリウッド制作の『ジャンヌ・ダーク』を見てみよう。ジャンヌ役は、『カサブランカ』でヒロインを演じたイングリッド・バーグマンである。

シャルル7世　ジャン・フケ作の肖像画。ルーヴル美術館蔵。遠近法による写実的な描写は、作者が学んだイタリア・ルネサンスの影響を指摘できる。

劇中、オルレアンの解放後、ランス大聖堂で戴冠したシャルルは、式の最中からブルゴーニュとの外交のことを考え始める。ジャンヌには手のひらを返したように冷たくなった。パリの即時奪還を主張する彼女を、貴婦人たちとボール遊びに興じながらあしらった。仏軍解散の時、ジャンヌが別れを惜しんだアランソン公ジャン二世やオルレアンの庶子ジャンの方が、寛大・勇敢といった点でよほど君主らしく描かれている。

そんなシャルル七世像は、十五世紀当時の評判とも重なる。シャルルは一四〇三年、王家の五番目の男子として生まれた。王になることなど期待されていなかった。しかし、十四歳の時、兄たちの死によって王太子となった。だが翌年、ブルゴーニュ派のパリ奪取のなかでパリから連れ去られた。二十歳直前、仏王位継承権は父シャルル六世からイングランド王ヘンリー六世に渡る。王位から遠ざけられた時期には、出生にまつわる疑惑もささやかれた。母イザボーとオルレアン公ルイ（シャルルから見て叔父）の子供であり、王の血を引かないというのである。

シャルル七世の肖像画としては、ルーヴル美術館に展示されているもの（前頁参照）が最もよく知られている。フランス中部のトゥール出身で、イタリアでルネサンス絵画を学んだジャン・フケが、諸説あるが一四五〇年頃に描いたとされる。そこから伝わる冷酷、狡猾《こうかつ》、人嫌い、無気力、王者の風格に欠けるといった印象は、幼少期の暗い経験に由来するのか。

漂い始めた厭戦感

ジャンヌ・ダルクによるオルレアンの解放は、高校世界史の教科書などでは戦争のターニングポイントとみなされている。以来、仏軍は息を吹き返し、戦争を勝利に導いたとする見方が大半である。十五世紀前半を全体的に見た場合、そうした側面も否定できない。

これに対して、イギリスの歴史家・伝記作家ジュリエット・バーカーは二〇〇九年の著書『征服――一四一七〜一四五〇年におけるイングランド人のフランス王国』において、次のように述べる。ヘンリー五世以来の英占領統治は最終的には失敗に終わる。そのため、占領期に関する研究はイギリスでは少ない。ジャンヌに関する膨大な研究蓄積とは比べようもない。しかし、英軍のパリ占領は一五年以上、ノルマンディー占領は三〇年以上に及び、英仏連合王国はジャンヌより約二〇年も長く生き延びた。たしかにその通りである。本書では、英側の占領統治政策そのものを深く掘り下げることはできないが、これに対する仏側の反応から見ていこう。

英占領が長引くにつれて、戦争に対する人々の眼差しには変化が生じていた。少しさかのぼるが、一四二四年、英軍が大勝したヴェルヌイユの戦いに関する『パリの住人の日記』の記述を見てみよう。堀越孝一の訳を参考にしながら同年の記事の一部を引用する。

苦痛の叫び、泣き声があっちこっちから聞こえ、大勢の男が地に倒され、二度と立ち上がることなく、ある者は狩り立てられ、ある者は逃走し、ある者は仰向けで死んでいる、ある者は口を開けて横たわっている。キリスト教徒の血が大量に流された。生前に会ったこともない男たちが、わずかな報酬につられて、こうして殺し合ったのだ。戦闘は、これ以上のは知られていないというほど激烈だった。

ほぼ同じ時期に関して、聖職者トマ・バザンは自身も過ごした英占領下のノルマンディーの農村風景を次のように記述した。「耕作用の牛と馬が一度犂《すき》から放され、見張り番の〔避難の〕合図を聞くと、即座に、案内もなく、長い習慣に導かれ、大急ぎで、気も狂わんばかりに、安全だとわかっている避難所を見つけるほどであった」。

これらの記述は、戦争前半に関する年代記の記述とはずいぶん印象が異なる。年代記作者フロワサールの記述を思い出そう。フランス王フィリップ六世は開戦の挑戦を受けて喜び、フランス王ジャンを捕虜に取った英軍兵士は誇らしげだった。彼らは戦闘とその成果を待ち望んでいた。これに対して、一四二〇年代以降、戦争はあまりに日常化していた。そうしたなかで、時代の証言者たちは戦争への嫌悪感をもらし始めた。

英占領統治への抵抗

オルレアンの解放を過大に評価することはできないものの、それがイングランド首脳部に危機感をもたらしたことはたしかである。英仏連合王国摂政であるベッドフォード公ジョンは、状況打開を目指し、ある計画を進めた。一四三〇年春のことである。当時八歳だったイングランド王ヘンリー六世の、フランス王としての戴冠式を挙行することである。ヴァロワ王家のシャルルは、すでにジャンヌとともにランスでの戴冠式を強行していた。しかし、トロワ平和条約により王位継承権を与えられたヘンリーの戴冠式はまだだった。

ヘンリーは同年七月下旬にルーアンに到着した。翌一四三一年五月三十日、そのルーアンではジャンヌに対して異端審問の最終判決が言い渡され、彼女は処刑された。ヘンリーはそれを見届けて、ヴァロワ家の制圧下にあったランスではなく、パリのノートルダム大聖堂においてフランス王として戴冠した。十二月十六日のことである。ウィンチェスター（イングランド南部）司教のヘンリー・ボーフォートが式を取り仕切った。この司教はランカスター朝を開いたヘンリー四世の異母弟で、ベッドフォード公の叔父にあたる。一四二六年に枢機卿に昇進していた。

戴冠式後、パリの住民には料理が振る舞われた。『パリの住人の日記』によると、料理の味は不評だったようである。住民は、戴冠式後、王のパリ入城に伴う恒例行事がなかったことにも不満だった。貧者にも捕虜にも施しはなかった。英占領下の住民は、占領下だからこそイングランド人の食生活や習慣にふれることができ、逆に反発もした。

翌一四三二年より、英占領統治に対する明確な抵抗が始まった。当時、「ブリガン（盗賊）」の名で呼ばれた集団が現れる。彼らはフランスの正規軍ではなかったようだが、これまでその正体はつかめてこなかった。日頃は森のなかに潜み、機会を見ては出没し、英占領下の人々を襲った。トマ・バザンは彼らを、「詩人が語る蛇の一種であるヒドラのように、頭を一つ切られると、絶えずほかに三つの頭が生えてくる」と評し、撲滅不可能な「ペスト」にもたとえた。現在、「ブリガン」はヴァロワ王家に対する漠然とした帰属意識から、英占領に抵抗した現地住民の集団と考えられている。

翌三三年にかけて、英占領統治の要《かなめ》であるカレー、パリ、ノルマンディーにおいて蜂起が頻発した。ベッドフォード公は一四三四年九月、蜂起鎮圧のため、ノルマンディーの地方三部会に援助金を要求した。それは二四万四〇〇〇リーヴルという当時としては法外な額であった。この年の冬、反英蜂起はさらに激しさを増した。

英―ブルゴーニュ公同盟の関係悪化

一四二一年六月に作成されたヘンリー五世の遺言書によると、ブルゴーニュ公フィリップは英仏連合王国において摂政の地位を望んでいた形跡がある（一九一頁参照）。しかし、ヘンリーが死去した翌二二年、最終的にはベッドフォード公が摂政に就いた。とはいえ、両者の関係は当初、決して悪くはなかった。

一四二四年、英軍が仏軍を壊滅させたヴェルヌイユの戦い後、ベッドフォード公はアンジュー公を名乗った。これはフィリップの助言からなされた措置である。一四三〇年五月二十三日、ブルゴーニュ派が攻囲するコンピエーニュにおいて、ジャンヌ・ダルクが捕えられた。彼女は、英―ブルゴーニュ間での引渡金交渉と合意を経て、英側に引き渡された。

しかしその前後より、関係悪化が明確になった。フィリップは一四三〇年十一月四日付で、ヘンリー六世に書簡を送っている。軍事同盟が結ばれているにもかかわらず、英軍兵士はブルゴーニュ軍が展開する北仏やフランドルの戦地に来てくれない。ベッドフォード公はガーター騎士団への入団を提案してくれているが辞退したい――という内容である。当時、西欧各国の君主は自国の騎士団に他国の君主を招くことがあった。友好関係を目に見えるかたちで示すためである。よって、フィリップによる入団辞退は同盟継続のうえで痛恨の打撃であった。

英―ブルゴーニュ関係は、低地地方においても領土的・経済的な対立を抱えていた。現在のベルギーに位置するエノー伯領とともに、オランダ南西部岸に位置したホラント伯領とゼーラント伯領は、複雑な婚姻関係を背景として争奪の的となった。一四二四～二五年、ヘンリー六世の後見人に任じられていたグロスター公ハンフリーが、婚姻関係を根拠にここに出兵する。それらの地は最終的には一四三二年、ブルゴーニュ公家領に併合されたものの、二人のあいだに挟まれたベッドフォード公ジョンは頭を抱えた。また長い戦争のあいだに、イングランド国内でも毛織物製品が生産されるようになっており、フランドル産の製品と競合し始めていた。

一四三二年十一月十四日、ベッドフォード公妃のアンヌ・ド・ブルゴーニュが死去した。アンヌは九年前、英仏連合王国成立の半年後にイングランド、ブルゴーニュ、ブルターニュのアミアン同盟締結に伴って、ベッドフォード公に嫁いだブルゴーニュ公フィリップの妹であった（一九二頁参照）。英―ブルゴーニュ同盟の目に見える証がまた一つ消滅した。

アラス講和会議への道

ブルゴーニュ公フィリップは、ヘンリー五世が死去した一四二二年から対仏和平交渉を再開していた。それは、ジャンヌ・ダルクが捕虜になる前の一四二九年八月、コンピエーニュにおいても行われた。こうしたヴァロワ家との交渉の背景に、フィリップが摂政に就任しなかったことが関係しているか否かは定かではない。しかし、トロワ平和条約の締結後も、ブルゴーニュが完全にイングランド寄りでなかったことはたしかであろう。

一四三〇年代に入ると、ローマ教皇庁からの使節派遣も再開された。その仲介もあって、一四三二年以降は、英―仏―ブルゴーニュの三者会談が始まった。春にカンブレー、秋にオセールにおいて会談が行われたが、大きな成果はなかった。

一四三三年、ジギスムントが神聖ローマ皇帝に即位した。ジギスムントは低地地方の帝国領に迫ろうとするブルゴーニュ公フィリップを警戒した。翌三四年五月八日、シャルル七世と同盟を締結し、翌三五年の初め、フィリップに挑戦状を送った。ちょうどこの頃、シャルル七世はフランス南東部の町ヴィエンヌにおいて、ラングドック全国三部会を開催していた。ここには、スイスのバーゼルで開催されていた公会議からの使節も訪れた。当時、シスマへの反省から、教皇庁が機能しない時には公会議こそが指導的な役割を果たすべきだとする議論が沸き起こっていた。使節はシャルルに公会議寄りの協力を求めた。風向きはヴァロワ家の方へと静かに変わろうとしていた。

一四三五年一月から二月にかけ、ブルゴーニュ公領の西に位置するヌヴェールにおいて、仏―ブルゴーニュ会談が行われた。そこで、対英関係について次のことが合意される。

英―仏―ブルゴーニュ間の講和会議を同年七月に開催する。開催地はブルゴーニュ公国内、アルトワ伯領の中心地アラスとする。また、ブルゴーニュ公がイングランド王抜きでヴァロワ家と講和するケースも検討された。ただし、その場合、トロワ平和条約以来の英―ブルゴーニュ同盟の破棄が前提となる。これが実現して、もしイングランド王がフィリップに賠償を求めた場合には、シャルル七世がこれを補償することが合意された。

アラス平和条約の締結

一四三五年の七月以降、各国および教会の使節団がアラスに集結した。交渉会場は同地のサン＝ヴァースト修道院である。英使節団は交渉前、話し合いの方法や使用言語について異議を申し立てた。特に、シャルル七世の使節団は仏代表ではないと主張した。なぜなら、ヘンリー六世は英仏双方の王なのであり、その使節が英仏双方を代表しているからである、と。

結局、教皇庁および公会議からの使節団が、英仏に割り当てられた部屋を行き来して、双方の提案とそれに対する反論を聞くかたちで交渉が始まった。八月五日のことである。双方の最終的な主張内容は、以下の通りである。

英側は、ヴァロワ家の「王太子」シャルルはロワール以南の地を領有し、これらについて、「イングランドおよびフランスの王」のヘンリー六世に臣従礼を行う。そのうえで、シャルルの娘の一人とヘンリーとの結婚を通じて、三四年間の休戦協定を締結することを提案した。

仏側は、イングランドに対して、ギュイエンヌ、ノルマンディー、アランソン、モン・サン＝ミシェルの領有を認め、これらについてヘンリーが「フランス王」シャルル七世に臣従礼を行うよう求めた。結婚については当初拒否したが、のちに了解する。休戦条約ではなく、平和条約の締結を提案した。

英仏双方とも仏王位保持を主張し、相手方の在仏所領について臣従礼を求めた。ただ、どちらも、相手方の王が臣従を受け入れてくれるとはもはや考えておらず、逆に今さら自分たちの王に臣従礼をさせる気もなかった。仏側は軍事的優勢を背景に、交渉決裂によって戦闘に突入しても構わないと強気である。一方、英側にとっては、ここでヘンリー六世が臣従礼を行ってしまえば、ヘンリー五世が獲得した成果は台無しとなる。パリ周辺とノルマンディーの既得権益にしがみつきながら、休戦中に軍事的劣勢が回復されるのを待った。

しかし、仏側は領土面において最大限の譲歩を行った。アラス条約文書は仏－ブルゴーニュ間で作成されたため、フランス寄りの記述ではあるが、それによれば、仲介に入った教会によって仏側の和平努力が評価されている。英使節団は九月六日、先の提案を本国に持ち帰って以降、アラスには戻らなかった。会議から離脱したのである。年初のヌヴェールでの予想が的中した。以後、会議の焦点は仏－ブルゴーニュ間の単独講和へと移っていった。

ブルゴーニュ公はいまだ法的には、トロワ平和条約を遵守する立場にある。イングランド王の許可なしに、フランスと和平を締結することはできない。しかし、教会法学者らは、トロワ平和条約は両国に不和しかもたらさず、イングランド王は平和の提案を受け入れなかった、よって、フィリップが平和条約を遵守する義務はないと助言した。その最中の九月十四日、ルーアンで療養していたベッドフォード公ジョンが死去した。仏―ブルゴーニュの単独講和への大きな障害はなくなり、二十一日、全四三条項のアラス平和条約が調印される。

主な合意内容を述べると、シャルル七世はフィリップの父ジャンの殺害を「若さ」ゆえの過ちとして反省し、謝罪した（第一条）。領土面では、ブルゴーニュ公領周辺のいくつかの伯領とともにフランス北部の諸都市をフィリップに授与し、北部のソンム川流域の領地を質入れした（第二一～二六条）。これら大量の領地の最高封主はフランス王であることに変わりはなかったが、フィリップはその生涯にわたりフランス王への臣従礼と奉仕義務を免除された（第二八条）。以上の条件のもと、フィリップはシャルルの仏王位を承認した（第二九条）。

復活祭中のパリ奪回

ここで確認すべきは、アラス平和条約は英仏間の戦争を終結させたわけではないことである。その条約文書冒頭に「王国の平和・安寧・結合」とあるように、フランス王家および王国における内戦終結が主目的であった。ただし、フィリップが大量の領地を獲得したことによって、王国内に大きな自立的勢力が温存されたことはたしかである。とはいえ、統一を取り戻したフランスは、対英戦争において圧倒的に優位に立った。

翌一四三六年一月、シャルル七世はポワティエにおいて全国三部会を開いた。四年間で一二万リーヴルという巨額の課税の承認を得る。それを資金源に二月以降、フランス大元帥のアルテュール・ド・リッシュモン指揮下の仏軍が、パリ近郊に迫った。

フランス人は（中略）攻囲をしたり軍隊を集めたりではなく、裏切り、奸計《かんけい》、罠《わな》を用いてイングランド人が制圧する町や城塞を奪い取ろうとした。セーヌ川沿いの城であるムランと（セーヌ川に合流する）オワーズ川沿いに位置する地ポントワーズが、このような方法で奪取された。ムランは下水溝を通じて川沿いから奪取された。下水溝は最初の襲撃者の通路となり、彼は次の襲撃者に道を開いた。ポントワーズは夜中に〔城壁を〕よじ登って奪取された。

聖職者トマ・バザンのこの記述から、仏軍は二つの町を奪取することで、パリにつながる水路を封鎖しようとしたことがわかる。この頃になると、軍司令官は正々堂々の正面対決ではなく、相手をいかに出し抜くかに心を砕いたようだ。同じくバザンの記述によるならば、この時点でパリ住民の多くが密《ひそ》かに仏軍と降伏交渉を始めていた。その後、イングランドから援軍が派遣されるも、仏軍はこれをサン＝ドニ周辺で撃退した。

四月十三日、パリへの総攻撃が始まった。この日は復活祭期間中であった。戦争前半であれば、祭日の戦闘は自粛されていたであろう。リッシュモン率いる仏軍本隊が、英守備隊が守る左岸のサン＝ジャック門を突破した。その後、仏軍は城壁、門、川などあらゆる通路を用いて市内に入った。英軍と親英派住民はサン＝タントワーヌ門近くの砦（バスティーユ）に逃れ、そこで数時間耐えたのちに降伏した。再度の交渉を経て、英軍兵士は抗戦の即時停止を条件として、ルーアンへの帰還を許された。パリは約一八年ぶりにヴァロワ王家のもとに戻った。

この年、仏軍は英軍のノルマンディー上陸拠点となってきた二つの町も奪還した。アルフルールとディエップである。ブルゴーニュ公フィリップはカレー奪回を試みた。自身の支配下にあるフランドル伯領の主要都市ヘントの住民を用いて攻囲戦を行ったが、失敗に終わった。カレーはその後も百年戦争期を超えて、一五五八年まで英占領下にとどまることとなる。

第六章　フランス勝利への戦略

――一四三七～五三年

この章の主な登場人物

■シャルル７世（1403〜61）
ヴァロワ朝のフランス王（位1422〜61）。シャルル６世（位1380〜1422）の子。ジャンヌ・ダルクに援助されてランスの地で戴冠後、フランス優勢を取り戻した。勝利王と呼ばれる。

■ヘンリー６世（1421〜71）
ランカスター朝最後のイングランド王（位1422〜61、1470〜71）。休戦協定の一環としてアンジュー公女マルグリットと結婚。

■ヘンリー・ボーフォート（1375〜1447）
イングランドの聖職者で、ウィンチェスター司教、枢機卿。父はイングランド王族のランカスター公ジョン・オヴ・ゴーント。国王ヘンリー６世の重臣で、和平派のリーダー。

■オルレアン公シャルル（1394〜1465）
フランスの王族。対英強硬派であったオルレアン公ルイの遺児。アザンクールの戦いで捕虜となり、イングランドで25年間にわたり捕囚生活を送る。

■ジョン・トールボット（1384頃〜1453）
イングランドの貴族、軍人。オルレアンの攻囲戦以降、英軍司令官を務める。勇猛果敢さは英仏双方で恐れられ、また称賛された。

■サフォーク伯ウィリアム（1396〜1450）
イングランドの貴族、軍人。ヘンリー・ボーフォート亡き後の和平派の巨頭。英軍の主要な司令官の一人。

■マルグリット・ダンジュー（1430〜82）
アンジュー公家出身で、休戦協定の一環としてヘンリー６世と結婚。以後、和平交渉の仲介役を務めた。

■ヨーク公リチャード（1411〜60）
イングランドの貴族、軍人。ベッドフォード公ジョンの死後、フランスにおける国王総代行官に就任。戦争末期、和平派から冷遇されたことが薔薇戦争の引き金となる。

■ジャンヌ・ダルク（1412〜31）
死後、戦勝地オルレアンで崇拝され、処刑地ルーアンでは復活の噂が流れる。仏軍のルーアン奪還後、異端宣告は取り消された。

■ルイ11世（1423〜83）
ヴァロワ朝のフランス王（位1461〜83）。シャルル７世の子。王太子時代、父王に抗した諸侯の反乱に荷担するが、鎮圧されて謝罪。戦後、王位を継承した。

1　ヘンリー六世を追い詰めるシャルル七世

シャルル七世の軍政改革

アラス平和条約の締結後、ブレティニー＝カレー平和条約締結後と同じ問題が生じた。兵士の暴動である。フランスおよびブルゴーニュの正規軍を解雇された兵士が、パリ周辺を凄《すさ》まじい勢いで略奪した。パリでは、物資の輸送路を絶たれたため、生活必需品の高騰が止まらない。兵士たちは当時、「皮剝団《かわはぎだん》」とも呼ばれた。「不幸な者たちから、すべての資産を奪い、その皮に至るまで根こそぎ奪い取った」（トマ・バザン）からである。

しかし、シャルル七世はパリに戻らなかった。奪回から一年七カ月を経た一四三七年十一月十二日、ようやく帰還したが、滞在は三週間足らずだった。しかも、帰還に先立って、かつてブルゴーニュ公ジャンの殺害を断行した地モントローを奪還するため、パリ市民に軍資金を要求した。『パリの住人の日記』は同年の記事において、金だけ要求した王を非難し、さらに翌年の記事では「イングランド王統治下の方がましだった」と記している。

その後、シャルルはパリに続いて、北仏の諸都市の奪還を進めていく。そのためには、暴動を繰り返す「皮剝団」を何とかしなければならなかった。一四三九年十月、オルレアンに召集されたラングドイル（北仏語圏）全国三部会においても対処を求められた。結果、十一月二日付で王令が発せられ、軍政・財政改革が打ち出された。改革の骨子は次の通りである。貴族が勝手に抱えている兵士が、休戦となると悪事を働いている。それは「皮剝団」の温床となっている。よって、貴族の軍隊保持と徴税を禁止する。あぶれた兵士を国王軍で雇おう。そのために、以後は王が課税と徴税を独占的に行う――。

この計画には兵士を雇うための莫大な資金が不可欠であった。シャルルの政権はこの頃より、三部会の同意を必要としない課税をもくろんでいた形跡がある。一四三七年から翌三八年、前年のポワティエで承認された四年間の課税について、各地方への分配額を三部会の同意を得ずに決定した。以後、ラングドイル全国三部会はしばらく開催されなくなった。王権側の屁理屈はこうである。各地の代表者は三部会出席のため、旅費や宿泊費を負担しなければならない。ゆえに、三部会の閉鎖によって、彼らの負担は緩和されるのだ――。

フランスの内乱、再び？

しかし、軍政改革は反発を招いた。国王軍への勤務を生計手段としていた者たちはともかく、諸侯を筆頭に王に直属した貴族たちには受け入れ難かった。なぜなら、彼らは王との主従関係のもと、戦となれば自身の家臣を召集し、これを指揮した。王が課税を求めた時には、先頭に立ってその是非を話し合った。今回の改革は彼らの存在意義を否定しかねない。

一四四〇年二月、ブルボン公シャルル指揮下の諸侯が反乱を決行した。そこには、ジャンヌ・ダルクの盟友であったアランソン公ジャン二世、この前年にデュノワ伯に昇進していた先代オルレアン公の庶子ジャン、彼らに唆された王太子ルイ（のちの国王ルイ十一世）の姿もあった。反乱はプラグリーと呼ばれた。それは、ボヘミアの宗教改革者フスの支持者が起こした反乱との類似から、プラハの仏語名プラーグにちなんで名付けられたものである。反乱軍は半年も経たないうちに鎮圧されたものの、軍政改革は先送りされた。

この諸侯反乱を、内戦後のフランスにおける国内問題として片づけることは簡単である。しかし、百年戦争がフランス貴族の反乱という側面を持っていたことは、繰り返し述べている通りである。十五世紀にも、ヘンリー五世による征服戦争と仏王位継承権取得の背景には、英側に協力したブルゴーニュ公の存在があった。プラグリーの乱は、このブルゴーニュという同盟者を失ったイングランドにとって、好機到来となる可能性を秘めていた。

イングランドの和平派と主戦派

イングランドではパリの喪失以来、占領統治体制が立て直されていた。パリを失った翌月、故ベッドフォード公に替わって、ヨーク公リチャードがイングランド国王総代行官として派遣された。当時二十四歳、故王ヘンリー四世の異母弟（後述）に連なるボーフォート兄弟の次に王統に近い男だった。くわえて、ノルマンディーの南および北東の境界を防衛するため、新たな守備隊長たちが任命、派遣された。

しかし、フランスがプラグリーの乱に揺れた一四四〇年前半、英軍は四月末にアルフルールの奪還を試みただけであった。また、大陸における駐留軍の維持費は増える一方であった。すでに一四三三年の数字で、カレーでは二八六六リーヴルの年間収入に対して、守備隊と城塞の維持費だけで一万一九三〇リーヴル、ガスコーニュでは六万四八〇〇リーヴルの収入に対して、八万九七〇〇リーヴルの費用が必要であった。

ノルマンディーにおいては、ヘンリー五世の征服を維持するため植民が続けられた。現地領主からの没収地や廃村は、そこに付随する城や官職などとともに英軍兵士に分配された。彼らのなかにはブリテン島を離れ、生活や仕事の基盤を大陸に移し、そこで結婚する者もいた。しかし、本国議会は守備隊や城塞の維持費の支払いを渋るようになっていた。

間もなく、イングランド国内では戦争継続の是非をめぐって、和平派と主戦派が対立する。主戦派筆頭はグロスター公ハンフリーである。ヘンリー五世とベッドフォード公ジョンの弟で、低地地方に強引に軍を進めたことは前述の通りである。和平派リーダーは、パリでヘンリー六世を聖別したウィンチェスター司教で枢機卿のヘンリー・ボーフォートである。こちらはヘンリー五世の叔父であり、故王ヘンリー四世の異母弟にあたる。

アラス講和以来の和平交渉

一四三七年、ヘンリー六世が親政を開始した。生後十ヵ月半で英仏両王国の王になったヘンリーはこの時、十五歳になっていた。その人柄については、戦争が終結する直前に精神錯乱に陥ったことや、薔薇《ばら》戦争中にロンドン塔で殺害されたことなどから、不明な点が多い。後世、シェイクスピア作品では、「内向的」「少し間が抜けている」などとされた。しかし、王と同時代人の証言は少ない。このため父ヘンリー五世譲りの「敬虔」「寛大（に過ぎる）」など、紋切り型の人柄しか伝えられていない。

親政開始前後のヘンリーを取り巻いたのは主に和平派の連中であった。彼らは、アザンクールの戦いで捕虜に取ったオルレアン公シャルルの釈放問題をとっかかりとして、仏側に和平交渉を持ちかけた。それは一四三九年六月、英領カレーとブルゴーニュ治下のフランドル伯領南端の中間地で、フランス北端のグラヴリーヌおよびオワにおいて実現した。アラスからの退去以来、四年ぶりの和平交渉となった。

オルレアン公シャルルの捕囚生活はすでに二五年近くになっていた。英側はシャルルに仏側とのあいだに入ってもらうことで、交渉を有利に進めようと考えた。しかし、シャルルは長い捕囚生活を経て当時四十四歳、詩作に耽《ふけ》り、政治への関心は薄れていた。

英側はこれまで同様、仏王位継承問題や在仏所領の問題とともに、イングランド人入植者の補償問題を切り出した。すなわち、英占領地の全部または一部がフランスに返還されるとしても、そこに土地や官職を持つ入植者はどうなってしまうのか。生活手段を失ってしまう者に対しては補償が必要である。英側は、仏側がその補償費の四分の三を支払うよう提案した。仏側はこの提案を一蹴《いっしゅう》し、交渉は決裂した。

オルレアン公シャルルの釈放

オワの和平交渉失敗後、一四四〇年の初め、ヘンリー六世の顧問会は声明を発した。シャルル七世は「〔オルレアン〕公の釈放なしには、平和条約を締結する気はない」。「〔フランス〕王国はあまりに豊か、巨大で、強力である」。「戦争によるフランスの征服はありえない」、住民は「極限、悲惨」な状態にあるのだ、と。

ただし、これらの文言を鵜《う》呑《の》みにすることはできない。イングランド内の和平派と主戦派の対立は、国内政治や大陸領統治の利権をめぐる争いと密接に絡んでいたからである。声明は、戦争を継続することでこれらの利権を維持しようとする者たちを追放する、そのための口実として使われた側面もある。その意味で、ヘンリー六世の親政期は、リチャード二世の廃位直前（一五二〜一五三頁参照）やシャルル六世治下の内戦期（一六四〜一六八頁参照）と似ている。とはいえ、英側が英仏連合王国の維持を負担と感じ始めたこともまた、否定できないところである。

声明から半年後の七月二日、オルレアン公シャルルの釈放条件が英仏間で合意された。この結果、十月二十八日、シャルルは主戦派首領のグロスター公が反対するなか、ウェストミンスターを去り、十一月五日カレーに到着、二十六日ブルゴーニュ公フィリップの姪マリーと結婚した。オルレアン公ルイの殺害以来の両家門の争いは、ここに終結した。

これに先立って一四四〇年二月にフランスではプラグリーの乱が勃発したことを忘れてはならない。ブルゴーニュ公をはじめとする諸侯は、オルレアン公をシャルル七世に対する軍事同盟に合流させようともくろんでいた。イングランドと同様、フランスにおいても、和平交渉は国内の政争や反乱の影響を強く受けるようになっていた。

トゥール休戦協定

一四四〇年前後においても、各戦線では戦闘が続いていた。たとえば前述のポントワーズが再び英軍に降《くだ》ったのち、シャルル七世はその奪還のため、一四四一年、南のポワシーに滞在していた。ここでは、そのシャルル七世が眠るテントを、ヨーク公リチャードとトールボットが挟み打ちしかけたエピソードが伝えられている。仏軍内での情報伝達が少し遅ければ、シャルルは寝込みを襲われていた。一四四二年の春以降、シャルル七世軍はアキテーヌ遠征を開始し、ボルドー攻略を目指して、周辺の町を奪取していった。

これに動揺したヘンリー六世は翌四三年三月、サマセット公のジョン・ボーフォートをアキテーヌにおける国王代行官兼隊長に任命した。この人事の裏では、西仏に領地を獲得したいジョンの思惑と、ジョンの叔父で、本国政府で主戦派を排除したい和平派リーダーのボーフォート枢機卿の思惑がうごめいていた。枢機卿は、ベッドフォード公の後任として、すでにフランスとノルマンディーにおける国王総代行官の地位を有した主戦派のヨーク公リチャードに対抗するために、甥のジョンを推した。

八月、ジョン・ボーフォートが五〇〇〇人の兵士を引き連れて、ノルマンディーのシェルブールに上陸した。そこから、アンジューおよびメーヌ地方の農村地帯を略奪後、ブルターニュに進攻した。しかし、成果を上げられなかったばかりか、この行動はイングランド政府内の対立を激化させる一方で、仏側を激怒させた。約三〇年後、バザンはこの時の英側の心情を和平派の立場で代弁している。

イングランド人は実際、フランスにおいて状況が日に日に悪化しており、もし和平ないし休戦によって、必要な手立てを打たなければ、彼らの権勢は全面的な瓦解《がかい》と消滅に向かうと考えた。彼らは悪運の打撃を止めて、ノルマンディーとギュイエンヌにおいて保持しているものを維持することを期待した。

ローマ教皇庁では、シスマを終結させた教皇マルティヌス五世が一四三一年に他界していた。次に選出されたエウゲニウス四世（位一四三一〜四七）は、東方から迫り来るオスマン帝国に対する十字軍遠征を計画する。シャルル七世のもとに使節を派遣し、十字軍兵士の確保のためにイングランドとの講和を急いでほしいと説得した。一四四三年六月九日、シャルルはポワティエにおいて国王顧問会を開き、英側との交渉再開を決定した。翌四四年二月一日、イングランドから、サフォーク伯ウィリアム・ド・ラ・ポールを筆頭とする使節団が派遣された。ウィリアムはこの頃よりボーフォート枢機卿と並んで、和平派のリーダー格となっていた人物である。

仏使節団の代表は、オルレアン公シャルルである。彼は英使節団のメンバーと面識があった。今回の交渉においては、数年来の懸案事項であったヘンリー六世の結婚相手に、マルグリット・ダンジューが選ばれる。関係者が集まりやすい場所という配慮からか、オルレアンとアンジューの所領が集まるロワール川沿いが会合場所となった。四月以降、ヴァンドーム、ブロワ、トゥールなどの町で公式・非公式の会見が重ねられた。残念ながら、交渉の議事録は伝わっていない。

しかし、一四四五年ロンドンで再開された和平交渉について、仏側のメモが残っており、そこではトゥールでの交渉の様子が回想されている。英側は、一二五九年のパリ平和条約（一六頁参照）にまでさかのぼりながら、ノルマンディーを含めて、王位継承問題以前の英大陸領を臣従礼なしに領有することを求めた。仏側は、あくまでギュイエンヌのみの授与を主張し、イングランド王に臣従礼を要求した。ここでも、仏側は英側が臣従礼を拒否するだろうことを見通して、戦闘再開を辞さない強気の交渉を展開した。交渉は決裂した。

この結果、二年間の休戦協定のみが締結された。一四四四年五月二十八日付で全一三条項から成る協定文書が作成された。一三九六年のパリ休戦協定と同様、戦闘や略奪の禁止、その範囲が明記されるとともに、この時期固有の問題も取り上げられた。第一〇条においては、英占領地におけるフランス人領主の領地保全が明記された。

マルグリット・ダンジューの嫁入り

トゥール休戦協定の証として、マルグリット・ダンジューという女性がヘンリー六世に嫁ぐこととなった。彼女は、仏親王家の一つ、アンジュー公家の当主ルネの次女である。ルネはシャルル七世の妻マリーの弟でもあった。よって、母はヨランド・ダラゴンであり、幼少期は彼女のもと、王太子になる前のシャルルとともに養育された。一四四二年、ヨランドが死去したため、フランス宮廷における彼女の地位と権力はルネに継承されていた。

ところで、トゥール休戦協定は、当時のイングランドの劣勢を示す出来事として、トロワ・アラス両平和条約に比べて深く掘り下げられることは少ない。しかし、ここで成立した結婚は、これまでの英仏王家間の結婚とはいくつかの点で異なっている。

まずマルグリットの出自だが、彼女はフランス王の娘ではない。一三〇三年パリ平和条約でエドワード二世に嫁いだイザベル（二六～二七頁参照）、一三九六年パリ休戦協定でリチャード二世に嫁いだ同名のイザベル、一四二〇年トロワ平和条約でヘンリー五世に嫁いだカトリーヌ（一八三～一八四頁参照）は、三人ともフランス王の娘であった。こうして、英仏の友好関係を王家間の婚姻を通じて目に見えるかたちで示すことは、伝統的な英仏外交のあるべき姿であった。これに対して、マルグリットは仏王家の縁者とはいえ、王の義弟の娘でしかない。

次にマルグリットの持参金である。ヘンリー六世はこの結婚に伴って、二万フランおよび地中海のマヨルカ島とメノルカ島に関する権利を獲得した。持参金額については、時々の貨幣価値が異なるため単純な比較は難しい。とはいえ、同じ休戦協定である一三九六年、イザベルの持参金八〇万フランとは比べ物にならない。もとより、アンジュー公家は当時シチリア王位を有したとはいえ、仏王家ではない。持参金額の見劣りは免れない。一方で、二つの島に対する権利は、ルネが母ヨランドを通じてアラゴン王家から継承したものである。しかしながら、当時の英王家が、地中海進出を企てていたような形跡を見つけることはできない。

なぜ、英王家にとって益の少ない、こうした結婚が成立したのだろうか。議事録が残されていない以上、推測に頼るしかない。イングランドの和平派、特にトゥールに派遣されたサフォーク伯をはじめとする使節が休戦成立を急いでいたことはたしかである。アンジュー公ルネが休戦協定を利用して、自身の同盟網拡大をもくろんだと考えることもできる。では、最終的な決定権を持つシャルル七世は何を考えていたのか。

ブルゴーニュ公に仕えたアンゲラン・ド・モンストルレ、仏王家に仕えたサン＝ドニ修道士ジャン・シャルティエ、そして三〇年後のトマ・バザンら、シャルル七世の年代記作者はトゥール休戦協定の経緯と内容を記しても、マルグリットの嫁入りをめぐる王の思惑を語ってくれない。ただ、バザンはイングランド王とフランス王女との結婚一般について、こう論評している。「イングランド王たちはこうした結婚を口実に、フランス王国を統治するための諸権利を主張し、依然として、この問題についてフランス人たちと口論している」。

先にあげた三例の結婚は、ここでバザンが批判する類《たぐい》のものといえる。しかし、それらにおいては、バザンのいう英側からの「主張」が想定されていたのも事実である。一三九六年のイザベルは、持参金と引き換えに王家の相続財産を放棄させられている。これに対して、引用文は、戦後を生きるバザンにとっては、目に見える友好よりも、フランス王国の目に見えない権利の防衛の方が重要だったことを物語る。シャルル七世もこれに近いことを考えていたのではないだろうか。ヴァロワ王家に連なるとはいえ、仏王女ではない女性の人選には、仏側の軍事的優勢下で可能だったとはいえ、英王家との外交のあり方を見直そうという思惑が見え隠れしている。和平交渉は平行線を辿りながらも、英仏の外交関係は一つの曲がり角にさしかかっていた。

2　ノルマンディーとアキテーヌからの英軍撤退

ロンドン和平交渉

トゥール休戦協定の締結後、シャルル七世一行は神聖ローマ帝国との境界地帯に位置するロレーヌ地方のナンシーに滞在した。休息と帝国問題への対処のためである。『パリの住人の日記』は、「イングランド人がかき混ぜている王国を後にして」と嫌味を述べる。

しかし、仏側は英側に対する揺さぶりを忘れていない。マルグリット・ダンジューがポントワーズにおいて、イングランド国王総代行官のヨーク公リチャードに引き渡されたのは、一四四五年三月十八日である。休戦協定締結の一〇カ月後であった。この間、仏側は英側のさらなる譲歩を期待したと考えることもできる。

この年の夏、ヘンリー六世の要請により、トゥールで先送りされた平和条約交渉が再開した。場所はロンドンにおいてである。仏側で残された交渉記録によると、仏使節団は七月十四日に現地入りする。聖職者代表はランス大司教のジャック・ジュヴェナル・デ・ジュルサン、貴族代表はヴァンドーム伯のルイという人物であった。ヴァンドーム伯家はブルボン公家の分家である。ルイはアザンクールの戦いで捕虜となり、イングランド人女性とのあいだに子を儲《もう》けるなど現地事情に詳しかった。このほか、アンジュー、ブルターニュ、アランソンなど、英占領下のノルマンディーと境界を接する諸侯領の君主も代理人を派遣した。英占領統治が議題にあがることが分かっていたからである。

彼らは八月十五日、ヘンリー六世に歓待されたのち、サフォーク侯ウィリアム（前年に伯から引き上げられていた）率いる英代表団と次のような交渉を行った。①英側は、仏王位放棄の代償としてノルマンディーとガスコーニュの割譲を要求し、仏側は拒否した。②英側より、休戦協定を一四四六年十一月十一日まで延長することが提案され、承諾された。③ヘンリー六世が、西仏のメーヌ伯領とその中心地ルマンの返還を口約束した。④ランス大司教が英仏首脳会談を提案し、ヘンリーは乗り気だった。もしこれが実現すれば、ヘンリー五世とシャルル六世がトロワ平和条約を結んだ一四二〇年以来となる。その後も、マルグリット・ダンジューを介して交渉が重ねられた。このなかで、ヘンリー六世が本国議会を通さずに提案したメーヌ伯領の返還問題が戦争の展開を左右していった。

メーヌ伯領返還をめぐる泥沼

自動車の二四時間耐久レースの開催地ルマン、ここを中心地とする一帯がメーヌと呼ばれたことは先に述べた（一三三頁参照）。その地は一三五六年以来、イングランドへの割譲地の候補にあがりながら、アンジュー伯家（一三六〇年まで）そして公家の親王領であった。一四二五年七月、ベッドフォード公ジョンがここを英占領下に置いた。これに対して、時のアンジュー公家は一四三四年のルネの継承以来、メーヌ伯領がアンジュー家領であり、弟シャルルの領地だと主張してきた。よって、ロンドンでは、メーヌ返還の口約束は、シャルル七世とルネの双方に仕えるベルトラン・ド・ボーヴォーに伝えられている。

一四四五年十一月、再度ロンドンで交渉が行われたのち、十二月二十二日、ヘンリー六世はシャルル七世に書簡を送った。翌年四月三十日までにメーヌ伯領を返還すると伝えた。

書簡は私信だったが、各方面に猛烈な反発を引き起こした。イングランド国内では、主戦派のグロスター公ハンフリーが、フランスへの降伏だとして和平派のサフォーク侯を批判した。王は王妃マルグリットを喜ばせるために、岳父ルネにメーヌ返還を約束したとの噂も広まった。メーヌ駐在の隊長たちは、現地に持つ領地や収入を失うことを恐れ、返還に反対した。結果、王の約束は実行されず、返還予定日は二年以上も延期に延期を重ねた。

この間、サフォーク侯はさまざまな手段を講じた。サマセット公のエドマンド・ボーフォートは、和平派リーダーであるボーフォート枢機卿の甥であり、先にフランス西部への進攻を率いたジョンの弟である。メーヌの現地隊長として派遣されて以来、この地における軍事行政の大権を兄と争っており、兄の死後引き継いだためこれらを手放したくはない。メーヌ返還に反対した。これに対して、サフォーク侯は一四四六年十二月二十四日、フランス総代行官兼ノルマンディー・アキテーヌ兼総督のポストと引き換えにエドマンドの懐柔を試みた。この措置は、ヨーク公リチャードの不満をかき立てた。

さらに、サフォーク侯は本国議会において、グロスター公ハンフリーが国王廃位をもくろんでいるとして、反逆罪の疑いで弾劾裁判を仕掛け、主戦派の弱体化を狙った。ハンフリーは翌四七年二月十八日に逮捕され、間もなく死去した。同年七月二十八日、イングランド政府は、現地隊長たちの説得とアンジュー公への土地の引き渡しのため、メーヌに王の委任官としてマテュー・ガフとフルク・エイトンを派遣した。しかし、現地隊長たちは委任官の受け入れを拒否し、事態は泥沼の様相を呈した。

戦闘再開への道

フランスでは、マルグリット・ダンジューの渡英を見届けた直後、国王軍が刷新された。プラグリーの乱によって中断していた軍政改革が、一四四五年五月二十六日付の王令によって再始動した。かつて賢明王シャルル五世は、平時ないし休戦期となると略奪や暴動を繰り返す兵士たちをイベリア半島に送り込んだ。その孫のシャルル七世は、彼らに給料を与え、国王軍に雇うことで対処しようとした。

軍の名は王令部隊という。その最小単位はランスと呼ばれた。騎兵一人、騎乗弓兵二人、剣持ち従者一人、従卒二人の計六人から成る。これが一〇〇組集められてコンパニーと呼ばれる部隊となり、隊長が指揮した。コンパニーは全部で一五隊、兵士数は総勢九〇〇〇人である。この王令部隊は、封建家臣軍のように戦のたびに召集される軍隊ではない。常に戦闘可能な兵士から成る「常備軍」であった。一四四六年以降は、この巨大な部隊を維持する資金を確保するため、王による人頭税徴収が恒常化していった。

シャルル七世は、プラグリーの乱を決行した諸侯たちに隊長のポストを与えた。それは、反乱の再発防止のための取引でもあった。首謀者の一人だったブルボン公シャルル、その息子クレルモン伯ジャン、デュノワ伯ジャン（先代オルレアン公の庶子）が隊長に就任した。

一四四八年一月十五日、前年に約束されたメーヌ伯領の返還期日となった。しかし、英仏両政府からの催促にもかかわらず、現地の隊長および兵士は撤退しなかった。シャルル七世は、期限を同年二月二日に延期しながらも圧力をかけていく。

シャルルは、みずからルマン北西九キロメートルあたりに陣を張った。そして、デュノワ伯と砲兵隊長ジャン・ビュロが率いる七〇〇〇人の兵士をルマンの手前に送った。さらに、シャルルは四月二十八日、「自由射手隊」と呼ばれる民兵隊を創設する。一方で、休戦中の武力行使を正当化するための理論武装も準備された。この役目は、翌一四四九年にランス大司教に就任することとなるジャン・ジュヴェナル・デ・ジュルサンに託された。彼は、イングランド王は仏王位継承権を持たず、逆にフランス王が英王位への権利を有すると説いた。

英側の現地隊長は対応を迫られた。仏側との話し合いに応じつつも、ノルマンディーとブルターニュの境界付近に兵士を集めた。だが、裏目に出る。ブルターニュ公フランソワ一世がトゥール休戦協定に対する違反だと非難したのである。シャルル七世はこれを口実として本格的に攻撃を再開し、一四四八年三月十五日、ルマンを奪還した。英軍はメーヌを失った。

この出来事は、すぐにイングランドの国内政治に跳ね返った。メーヌ返還を推進してきたサフォーク公（同年、侯から引き上げられたばかりだった）を首領とする和平派が、ヘンリー六世の周辺で力を失い始めた。こうして、イングランドでは戦闘再開へのブレーキが利かなくなっていった。

ルーアン奪回

一四四九年三月二十四日、英軍守備隊長でアラゴン出身のフランソワ・ド・シュリエンヌが、フランス北西部のフジェールを攻撃した。メーヌ、ノルマンディー、ブルターニュの中ほどに位置するこの境界の町への攻撃が、戦闘再開を招いた。

シャルル七世とブルターニュ公フランソワは、フジェール攻撃について英側に問い合わせた。イングランドのフランス総代行官であるサマセット公エドマンドは、イングランド王とは無関係と回答した。これに対して、シャルルは七月十七日、シノンで国王顧問会を開き、戦闘再開を決定した。カレー方面を王令部隊長のデュノワ伯ジャン、ブルターニュ国境を大元帥アルテュール・ド・リッシュモンに任せた。ノルマンディーへの総攻撃が始まった。

八月二十五日、かつて英仏連合王国の成立後、仏－スコットランド連合軍が壊滅させられたヴェルヌイユが仏側に降伏した。今やシュルーズベリー伯となったトールボットは、のちにバザンが「すべての英隊長のなかで最も勇猛果敢」と称賛した将軍である。その彼ですら、迫り来る王令部隊を目の当《ま》たりにして退散したといわれている。トールボットとともに、仏軍の来襲を恐れた英守備隊長たちはノルマンディーの中心地ルーアンに集まり始めた。

十月九日、シャルル七世は、アンジュー公ルネとその弟でメーヌ伯に返り咲いていたシャルルとともに、ルーアン手前に到着した。しかし、トールボット指揮下の守りは固かった。シャルルらは南に二〇キロメートルほどのポン＝ド＝ラルシュに退却し、交渉を試みた。英仏双方の代表とともに住民代表が会合した。住民の意見は、ヘンリー六世の顧問官であるルーアン大司教ラウル・ルセルを通じて伝えられた。しかし、英軍兵士が降伏条件に納得せず、交渉は決裂した。この間、フランス寄りの住民を中心に市内では暴動が起きていた。十月二十九日、身の危険を感じたサマセット公はルーアン明け渡しに同意し、西方のカーンという町に逃れた。

この時、仏側は英側に対して、服属を望まない住民が家族や財産とともにルーアンを去ることを許可した。その代わり、捕囚下の英軍兵士の身代金として五万金《きん》エキュを要求するとともに、英占領下の諸都市の明け渡しを求めた。英側は大部分の条件に同意したが、上陸拠点だったオンフルールの明け渡しのみは拒否した。禍根を残したが、シャルル七世は一四四九年十一月二日、ルーアンへの入城を果たした。

ジャンヌ・ダルク復権裁判

年が開けて一四五〇年一月、仏軍は極寒のなかアルフルールと対岸のオンフルールを陥落させた。その頃、フランス首脳部はシャルル七世の過去に関わるある課題に着手していた。約二〇年前、ジャンヌ・ダルクに言い渡された異端宣告を葬り去ろうとしていたのである。

キリスト教世界において、異端審問は教会の管轄である。教会が下した異端宣告は、教会裁判によって取り消されなければならない。王といえども独断でできることではない。再審のための嘆願手続きやその根拠も必要だった。ジャンヌの異端宣告取り消しのための裁判は、日本では「ジャンヌ・ダルク復権裁判」の訳語で知られている。

では、なぜ異端宣告を葬ろうとしたのか。ジャンヌが異端の少女のままだったとしよう。シャルル七世は異端女に助けられて国王に即位した、とみなされかねない。どうしてもそのレッテルをはがしたい。オルレアンでは英軍からの解放以来、毎年解放祭が行われていた。シャルルは解放一〇年後の一四三九年、この戦勝の地で全国三部会を開き、前述の軍政・財政改革令を発した。一方、ルーアンではジャンヌの処刑以来、彼女の復活の噂が流れていた。ノルマンディー奪回に向けて、ジャンヌにまつわる記憶を利用しない手はなかった。

一四五〇年二月十五日、シャルルは顧問官のギヨーム・ブィエに、ルーアンにおいて処刑裁判に関する調査を行うよう命じた。三月四〜五日以降は、生前のジャンヌと接した者たち

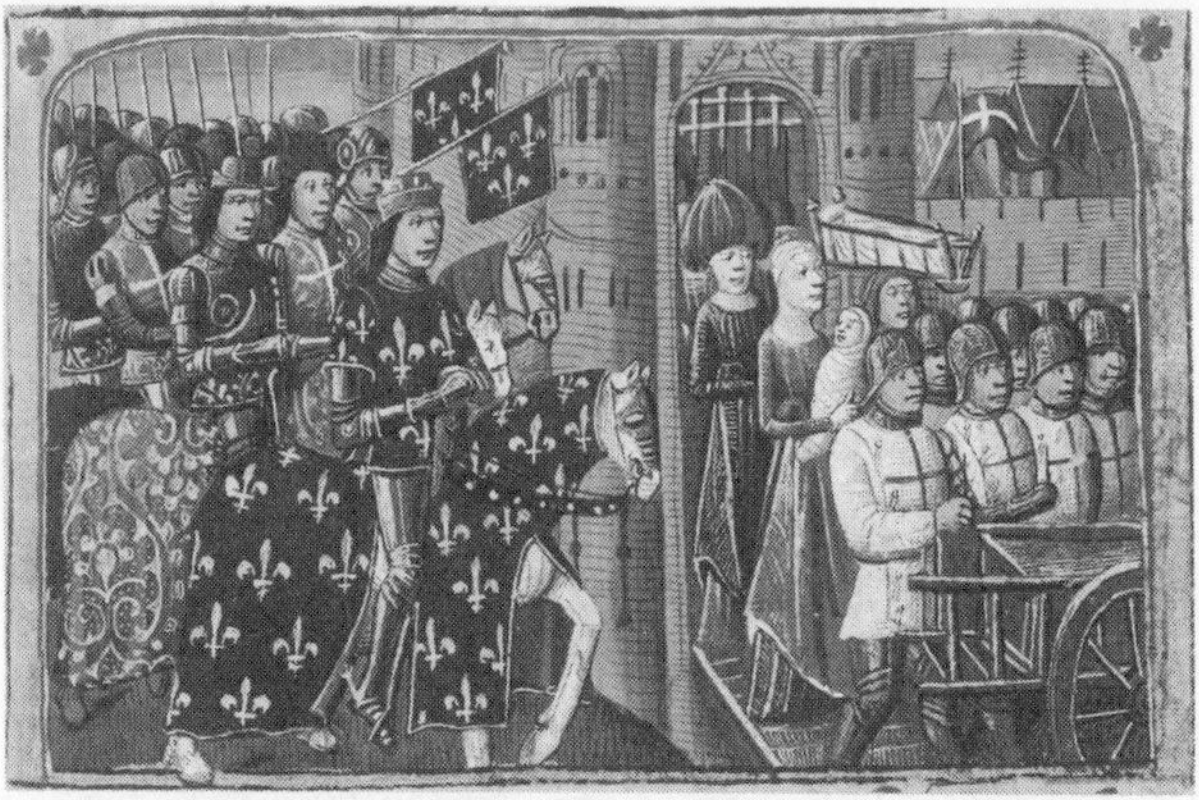

英軍の撤退　1450年、ノルマンディーのバイユーにて撤退する英軍(右側)と入城する仏軍（左側)。『シャルル７世の死去前夜』(1484年頃の写本）より。

からの証言集めも始まった。ドンレミ、ヴォークルール、オルレアン、ルーアンなどから、ジャンヌの幼《おさな》馴染《なじみ》、故郷の村民、共に戦った王族を含めた兵士、異端審問に関わった聖職者などの証言が集められた。

そうしたなか、三月十五日、トマス・キリエル率いる英軍兵士四〇〇〇～五〇〇〇人がシェルブールに上陸した。軍は、カーンに逃れていたサマセット公のもとに向かった。その途上、四月十四日、フォルミニー村において仏軍と遭遇、翌日会戦となった。

両軍の兵士数だけを見ると、英軍が連勝したクレシーやポワティエなどの前半戦とは正反対である。つまり、仏軍の兵士数は英軍の半分強、三〇〇〇人ほどだった。しかし、歩兵を中心に展開する英軍の戦術は前半戦と変わらなかった。これに対して、フランスの王令部隊は大砲を用いた戦術を駆使し、その結果、三〇〇〇〜四〇〇〇人の英軍兵士が戦死した。仏軍の勝利である。

その後仏軍は、五月にコタンタン半島に位置するサン＝ソーヴール＝ル＝ヴィコント、六月にカーンなどの町を陥落させる。七月二十一日、ファレーズの陥落後、英軍の将トールボットは悔い改めの念からローマへの巡礼に出かけた。八月十二日、シェルブールが陥落する。フランスにとって、一四一七年以来のノルマンディー完全奪回となった。

シャルル七世はのちに、この八月十二日をノルマンディーの解放記念日とした。毎年各地で、解放を記念する教会主催の総行列が挙行された。ジャンヌ復権裁判も解放記念日の創設も、戦勝に関する共通の記憶を作り出そうとする試みである。英軍追放に向けて、王令部隊の創設などのハード面の政策とともに、こうしたソフト面での戦略が重要性を増していった。

カレーではなくボルドーへ

ノルマンディーを失ったイングランド国内は、パニック状態に陥った。帰還してくる兵士たちは、「フランス王と軍隊の強さ、その賢さ、思慮深さの噂」を広めた（バザン）。そうしたなかで、今回の敗戦のそもそもの原因はメーヌ返還の約束であるとの考えが強まった。ヘンリー六世がロンドン和平交渉のなかで発した口約束である。しかし、議会においては王で

仏軍の砲兵隊　シャルル７世の勝利に決定的な役割を果たした。1450年にボルドーを包囲した状況が描かれている。『イングランド年代記』（15世紀の写本）より。

はなく、これを推進した和平派リーダーのサフォーク公ウィリアムが弾劾された。一四五〇年三月十七日、ウィリアムは国外追放を宣告され、翌月三十日に低地地方に向かった。その途上、海賊船に襲われて死亡した。政敵のヨーク公リチャードが背後で糸を引いていた。

　仏軍の次の標的はカレーである。今度はそんな予測が広まった。カレーでは、商人たちが商品を引き揚げ、海峡を挟んだ対岸のドーヴァーとサンドウィッチには英軍兵士が集められた。しかし、予測は見事に外れた。次の戦地はアキテーヌだった。

　この頃、戦争に対する英仏二人の王の取り組みは対照的だった。当時、三十歳手前のヘンリー六世は戦地には姿を現さなかった。これに対して、シャルル七世は四十代後半にして王令部隊と行動を共にした。かつての遊び好き、無気力だった姿が嘘のようである。

その際、シャルルはアキテーヌが約三〇〇年間イングランドから遠隔統治され、仏王領には一度も入っていないことを肝に銘じていた。拠点のボルドーはワイン輸出を通じて、イングランドと商業上の関係も深い。仏軍兵士ならびにヴァロワ王家への反発が大いに警戒された。仏軍は、行軍中に地元住民から物資を徴発した時には、これを補償することとした。羊一頭五スー、子牛一頭一〇スー、豚一頭二〇スーというように。

こうして一四五〇年九月頃より、仏軍がボルドー方面に押し寄せた。冬が明けて翌五一年春には、王令部隊長のデュノワ伯ジャンとクレルモン伯ジャン、砲兵隊長のビュロ兄弟に率いられた仏軍は、陸海双方からボルドーに迫った。東の陸側ではドルドーニュ川沿いの町々を、北の海側ではジロンド川河口の入江付近を、南の陸側では海岸沿いを手中に収めた。ボルドーが陸海から追い詰められているにもかかわらず、英軍の救援はなかった。ボルドー市民は、仏軍との降伏交渉を決意する。

アキテーヌ征服後の構想

仏軍と都市ボルドーのあいだで、デュノワ伯ジャンとボルドー大司教ペイ＝ベルランを代表とした交渉の結果、いくつかの降伏文書が交された。一四五一年六月十二日のことである。

それらは同月二十日以降、シャルル七世によって承認されていった。以下、ボルドーおよびその周辺の住民を代表する地方三部会との協定文書を取り上げよう。全二六条の骨子は以下の通りである。

①六月二十三日までに英軍が救援に来なかった場合、ボルドーはフランスの服属下に入る。

②そこで住民は、英領時代の自由と財産を維持することができる。

③フランスへの服属を受け入れない者にも財産が保障され、移住まで六カ月の猶予が与えられる。

④住民は以後、新たな税を免じられる。

⑤王の最高法廷、つまり高等法院が設立される。

英領時代の自由と財産が保障され、退去の権利も認められた。ルーアンの降伏条件と同じである。これに対して、高等法院の設立許可はルーアンにはなかった条項である。シャルル七世は王太子時代にパリを追われた時、ラングドックからの資金援助の見返りに、トゥールーズ高等法院を設立した。それは、地元の法による最終的な紛争解決の道を開くとともに、法律家の働き口を提供する措置でもあった（一八八～一八九頁参照）。

フランス首脳部は、もはや軍事力にのみ頼るようなことはしなかった。御《ぎょ》し難い住民だからこそ、征服後の円滑な支配のことを考えた。降伏文書の内容から逆算して考えると、仏側はおそらくはこう提案した。フランス王に服することになっても、住民は英領時代の自由を保障され、さらに、英領時代になかった税制や法制のもとで暮らすことができます、と。

八月七日、デュノワ伯ジャンはバイヨンヌに到着した。アキテーヌ西端の町である。ボルドーが仏側に降伏するなか、バイヨンヌの住民は財産や退去権の保障を条件に降伏を受け入れた。ここでも戦闘はなかった。同月二十日、ジャンはバイヨンヌ入城を果たした。シャルル七世は、王令部隊長クレルモン伯ジャンを当地の総督に、砲兵隊長ジャン・ビュロをボルドー市長に任命した。アキテーヌは史上初めて、フランス王の直接統治下に入った。

この間、八月十三日、教皇ニコラウス五世（位一四四七〜五五）が教皇特使ギヨーム・デストゥートヴィルをフランスに派遣した。オスマン帝国の軍勢が、キリスト教世界の防波堤であるビザンツ帝国に迫っていた。十字軍遠征のため、再び英仏平和の確立が要請された。

この一四五一年八月の時点で、英大陸領はカレーのみとなっていた。しかし、英仏双方とも戦争が終わったなどとは考えていなかった。

カスティヨンの戦い

アキテーヌ降伏から約一年が経った頃である。一四五二年六月、英軍はカレーおよびノルマンディーの防衛のため二〇〇〇人の兵士を召集した。情報をつかんだシャルル七世は、大西洋岸の防備を固めようとする。そのために、服属したばかりのボルドー市民にも人頭税を課した。しかし、それは新課税を禁じた降伏文書第一八条への明らかな違反だった。市民は王を説得しようとブールジュを訪れたが、王は耳を貸さない。市民がヘンリー六世の政府と連絡を取り、蜂起を決行したのは間もなくのことだった。

三カ月後の九月二日、イングランドでは、六十八歳の闘将トールボットがヘンリー六世のガスコーニュにおける総代行官に任命された。船団を集め、五〇〇〇人の兵士を率いてガスコーニュに向かった。そのなかには、ガスコーニュからイングランドに渡った者たちも交じっていた。サン＝ドニの年代記作者ジャン・シャルティエは彼らを「ユダ」と記した。十月二十三日、トールボット率いる英軍はボルドーに入城、町の奪回に成功した。その時、仏側の守備隊は七〇人しかいなかった。

シャルル七世はすぐに顧問会を召集し、反撃を決定した。しかし、十一月に入り、冬が間近だった。ボルドー周辺に王令部隊を派遣するのみで、攻撃再開を春まで待つこととした。この間、イングランドでは闘将を支援する声が沸き上がる。さらなる借り入れが行われ、二四〇〇人の兵士が追加派遣された。これに対して、翌一四五三年六月、シャルル七世はボルドーから北方のサン＝ジャン＝ダンジェリーに陣を設け、攻撃再開を命じた。

七月十四日、仏軍兵士四〇〇〇人がボルドーから約四〇～四五キロメートル、カスティヨンの手前に陣取った。ビュロ兄弟が率いる砲兵隊とともに、自由射手隊が町の攻囲を準備し始めた。そこに十七日早朝、トールボットが約八〇〇〇人の騎兵とともに現れた。カスティヨンの戦いが始まった。ここでも仏軍の倍の兵士を擁した英軍が、まずは仏軍の自由射手隊を蹴散《けち》らした。しかし、この攻撃は、ワインを飲み過ぎたトールボットの独断から起こされた行動だった。彼は、仏軍キャンプに張られたテントに埃《ほこり》がかぶっているというデマを不用意に信じてしまった。トールボットはすぐに反撃され、あえなく命を落とした。

同月十七日、カスティヨンは仏軍に降伏した。英軍の犠牲者は、死者四〇〇〇人、捕虜二〇〇〇人、逃亡者一〇〇〇人であり、仏軍の圧勝である。その後、仏軍は前年英軍に奪われていたボルドー周辺の町々を取り戻した。ブルターニュとスペインの船団はジロンド川を封鎖する。これらの知らせにショックを受けたのだろうか、翌八月、ヘンリー六世が精神疾患を発症した。

ボルドーの陥落

一四五三年九月末より、仏側とボルドー市民代表とのあいだで降伏交渉が再開した。市民は、生活と財産が保障されるならば、フランス支配下に戻ると申し出た。しかし、そんな虫のいい話はなかった。シャルル七世は前年の寝返りを赦《ゆる》さなかった。話し合いは、もはや降伏交渉ではなかった。降伏は大前提であり、賠償と謝罪の方法をめぐる交渉となった。

一四五三年十月十九日、市民は誠実宣誓のもと以下の条件を受け入れた。①一〇万フランの賠償金支払い、②首謀者の王国追放、③イングランド人の強制退去、④大司教ペイ＝ベルランの解任と市政役人の総入れ替え、⑤高等法院の廃止、⑥王税への服従。地方の自立の象徴といえる高等法院が廃止された結果、同地はトゥールーズ高等法院の管轄に併合された。住民にとって厳しい内容である。商人は次々とイングランドに渡り、同地の経済は打撃を受けた。しかし、ともかくもボルドーの市門には仏王家の旗が掲げられた。

歴史研究は、このボルドー降伏をもって「百年戦争の終結」と捉えている。しかし、これは後知恵、つまり以後、英仏間に大きな領土変更が起こらなかったことから逆算して、生まれた解釈である。この年、英仏間で何らかの条約が結ばれたわけではない。あまりにあっけない幕引きだ、あるいは、またすぐに戦闘が行われたではないかと反論したくなるのが、正直なところであろう。

それでは、十四〜十五世紀を貫いたこの戦争は、何をもって終わりと考えればいいのか。この問題は、百年戦争とは何かにつながる大きな問いである。

3　戦争はいつ終わったのか

薔薇戦争期の北仏進攻

戦争は本当に終わったのか。この問いに答えるためには、英仏が一〇〇年以上も戦ってきた争点は何であり、それはいつ解決されたのか。長く複雑な戦闘と交渉の経過を辿り終えた今、これをもう一度整理しなければならない。まずは、一四五三年以降の英仏関係にもふれながら、これらの問いを考えてみよう。

一四五三年以降も戦闘は終息しなかった。

一四五六年、ジャンヌ・ダルクの復権を成し遂げたフランスは、翌年イングランドの南海岸を襲撃した。それは、二年前イングランドにおいて、薔薇戦争が始まったことと無関係ではない。ヘンリー六世を戴くランカスター家とヨーク公リチャード率いるヨーク家が、英王位を争った。さかのぼること一四四〇年代、ヘンリー六世および和平派のボーフォート枢機卿とその甥たちに追いやられたことが、リチャードを戦いへと駆り立てた。一四六一年には、リチャードの息子エドワードがヘンリー六世を廃位し、国王に即位した（エドワード四世、位一四六一～七〇、七一～八三）。この間、ランカスター家は王妃マルグリットの実家の本家筋である仏王家を頼り、シャルル七世を継承したばかりのルイ十一世（位一四六一～八三）に援軍を要請した。対するヨーク家は、援軍を求めてブルゴーニュ公フィリップへと接近した。

しかし、ヨーク家にとって、ブルゴーニュとの同盟はかつてのようにフランスに領土を獲得するための同盟ではなかった。王位継承戦争を勝ち抜くための同盟である。ルイ十一世にとっては、イングランドの再進攻よりも、アラス平和条約で莫大な領地と特権を手にしたブルゴーニュ公の反乱が脅威であった。

一四七〇年、ヘンリー六世がルイ十一世の援助によって一時的に王に復位する。対するエドワード四世は翌七一年に再びヘンリーを破ったのち対仏遠征を計画し、四年後の七五年七月にこれを実行した。英軍としては、十五世紀最大の一万一四五一人が出兵した。しかし、結果的には、エドワードはルイが提示した賠償金と定期金の給付を受け入れ、二カ月も経たないうちに軍を撤退させた。同年八月二十九日、アミアン近郊のピキニーにおいて、七年間の休戦と自由交易が約束される。

二年後の一四七七年、ブルゴーニュ公シャルルが戦死した時、ブルゴーニュ公国には男子の跡継ぎがいなかった。その広大な版図のうち、フランス王国に属したブルゴーニュ公領などをルイ十一世が征服した。フランシュ＝コンテ（現フランス東部）および低地地方に広がった公国領については、最後のブルゴーニュ公女マリーと結婚したハプスブルク家のマクシミリアンとルイ十一世のあいだで争いが生じた。ヨーク家がブルゴーニュという同盟者を失ったことで、薔薇戦争も終息に向かった。ランカスター家傍系のヘンリーがヨーク家のエリザベスとの結婚を視野に、一四八五年チューダー朝を開いた（ヘンリー七世、位一四八五～一五〇九）。

エタープル平和条約

一四九二年、ヘンリー七世が仏王位継承権を主張して、北仏のブーローニュ・シュル・メールに進攻した。直接のきっかけは、フランス西端のブルターニュ公領からの援軍要請であった。

当時の西欧外交は、英仏関係ではなく、次の二つの勢力を軸に展開した。一つは英－ブルゴーニュ同盟の脅威を凌《しの》ぎ切ったフランスのヴァロワ、もう一つはブルゴーニュから継承した低地地方とともに、間もなくスペインを継承する神聖ローマ帝国のハプスブルクである。以後、英仏関係は仏－ハプスブルク関係をめぐる外交網に取り込まれていった。十六世紀には、ここにプロテスタント対カトリックの宗教対立も加わった。百年戦争がヨーロッパ各国を英仏両陣営に分け、シスマをめぐる各国の同盟網にも影響を及ぼした時代は終わりつつあった。

ハプスブルクは、フランスからの独立を画策し始めていたブルターニュ公と接近する。イングランドもこの対仏同盟の一角として、一四八九年ブルターニュと軍事同盟を結んだ。翌九〇年十二月十九日には、すでに妻マリーを失っていたマクシミリアンが、代理人を通じてブルターニュ公女アンヌと結婚した。ブルターニュ公領の継承権を確保するためである。しかし、この代理人を介した結婚の手続きに対して、フランス王シャルル八世（位一四八三～九八）が異議を唱え、一四九一年十二月六日にはみずからアンヌとの結婚を強行した。こうして、ヘンリー七世に軍事同盟に基づく援軍が要請されたのである。

したがって、ヘンリーの遠征は、かつてエドワード三世やヘンリー五世がフランスの諸侯から支援を受けて大陸に進攻したのとは、その背景も意図もずいぶん異なる。シャルル八世の顧問官はヘンリーが領地獲得にも、仏王位継承にも本気でないことを見抜いていた。多額の賠償金と定期金を提示して、ヘンリーの買収を試みる。この結果、一四九二年十一月三日、カレーから南に約五〇キロメートルのエタープルという町において和平が成立した。

主な決定内容として、ヘンリーとシャルルの存命中、戦闘は禁止された。くわえて、英仏間の公式文書において、久しぶりにヴァロワ家の君主が「フランス王」と記された。一四二〇年のトロワ平和条約において、当時のフランス王シャルル六世に対して、生存中の王位保持を保証した時以来である。この時点で、カレーは依然として英占領下にあり、戦闘停止は両王の一代限りであったが、一四二〇年以来の平和条約が結ばれた。一四五三年から見ると、平和に向けて大きな前進である。

百年戦争の終結を論じる時、エタープル平和条約の締結を重視する見解は少なくない。一四五三年にはビザンツ帝国が滅亡したように、一四九二年にもヨーロッパ史上で重要な出来事がいくつか起きている。コロンブスの新大陸発見、統一スペインの誕生プロセスを締め括《くく》るグラナダ開城（レコンキスタの終了）。いずれにしても、英仏の長い戦争の終焉《しゅうえん》は、ヨーロッパ中世という一つの時代が終わっていく、その一齣《ひとこま》であることは間違いない。そして、十六世紀前半、宗教改革の嵐のなか、英仏のみならず各国君主は自国の信仰問題に忙殺されることとなる。

二大争点を振り返る

英仏は一三三七年以前においても、十字軍の時期を除いて戦闘を繰り返した。よって、戦闘の有無のみで戦争の期間が決まるような単純な話ではない。

しかし、一三三七年、それまでにない争点が持ち込まれたことはたしかである。仏王位継承問題である。以来、歴代イングランド王はその意気込みにむらはあるものの、公式の称号としては「フランスおよびイングランドの王〇〇〇〇」を名乗った。それは一四五三年さらには一四九二年以後も続く。仏王位継承問題は、ブレティニー＝カレーとトロワ、二度の平和条約によって一時的に解決されたものの、間もなく戦闘が再開され、決定は覆された。だが、先のエタープル平和条約において、事実上は終結したようにも見える。

ただし、イングランド王は、一八〇二年までフランス王の称号を肩書から下ろすことはなかった。その意図を追跡する力は筆者にはないが、彼らが本気でフランス王になろうとしたかといえば、そうではなかった。ヘンリー五世を除いて、それは交渉のための取引材料であることが多かった。特にエドワード三世は、国王即位を宣言しながらも、ブレティニー＝カレー平和条約締結時にこれを放棄することによって、英大陸領の独立と拡大という目標を達成した。

それでは、この英大陸領を重視した場合、戦争の開始や終結はどのように考えられるか。十三世紀末、エドワード一世がアキテーヌの独立宣言を発した(二六頁参照)。孫のエドワード三世がそこに仏王位継承問題を持ち込み、同時代人も認識するように「長い戦争」となった。ブレティニー＝カレー条約における英大陸領の独立、シャルル五世の再征服、ヘンリー五世のノルマンディー征服を経て、一四五三年までにノルマンディーとアキテーヌが仏王領に併合された。その後、英仏間では海外植民地を除いて、大きな領土変更は起こらなかった。

このように戦争の二大争点を振り返ると、勃発の年は両争点が合流した一三三七年として良さそうである。しかし、終結年について決定打はない。一般的には、どちらの争点に対して重きが置かれたかの観点から、英大陸領の問題が重視される。結果、英大陸領の大半が消滅し、復活することがなくなった一四五三年が終結年と考えられている。この問題を、本書で取り上げた他の視点からも掘り下げてみよう。

一四五三年のフランス諸侯

百年戦争においては、英仏両王権だけでなく、フランス王国内の貴族・諸侯の動向が大きな鍵を握ってきた。戦争の勃発とフランスの緒戦連敗、長い休戦、英仏連合王国の誕生、いずれにおいても、フランスの諸侯が深く関わってきた。このことは逆に、フランス王にとっては、大きな諸侯勢力がイングランド王と結ぶ可能性が残る限り、イングランドの脅威は去らないということを意味した。

まずは、主な諸侯領が消滅した年を考えてみよう。それは、諸侯領がさまざまな理由から仏王領に併合された年である。ブルゴーニュ公国の解体は前述のように一四七七年。アンジュー公国も同じく男子不在とともに、娘マルグリットの相続放棄によって、一四八〇年にルイ十一世に遺贈された。ブルターニュ公国のフランス王国編入年は一五三二年だが、仏王家との縁組みが成立した前述の一四九一年にはフランスの影響下に入った。オルレアン公領は、当主ルイが一四九八年に王に即位したことで王領と合体した（ルイ十二世、位一四九八〜一五一五）。ブルボン公領が、当主シャルル三世の反逆によって王に没収されたのは一五三一年である。

一四五三年の時点では、これらの諸侯領がまだ存在していたことは明らかだ。それでは、この年、シャルル七世がアキテーヌを征服した頃、諸侯たちは何をしていたのか。

戦地にいたのは、王令部隊長のブルボン公シャルルだけであった。オルレアン公シャルルは交渉の場にいても、もはや戦闘の場にはいない。ブルゴーニュ公フィリップはボルドー攻略よりも、フランドルのヘントの反乱鎮圧に専念していた。アンジュー公ルネは、この年の五月四日、ナポリの再征服を目指して遠征に出発した。ブルターニュ公ピエールについては、従弟でエタンプ伯のフランソワはカスティヨンにおり、叔父でフランス大元帥のアルテュールはノルマンディーからボルドーに向かっていた。アンジュー公の弟メーヌ伯シャルルは、王と行動を共にした。

よって、諸侯家門の戦争への関心は皆無だったわけではなさそうである。とはいえ、一四五三年以降、イングランド王家がフランスとの戦争よりも自国の薔薇戦争に専念したように、フランスの諸侯家門も対英戦争よりも、自身の領国政策や王国統治機関での地位獲得を重視していく。

モンティ＝レ＝トゥール王令

それでは、シャルル七世とフランス首脳部は、当時の英仏関係をどう認識していたのか。サン＝ドニ修道士ジャン・シャルティエの年代記は、シャルル自身が執筆を命じたものである。その一四五三年の記事は、対英戦争ではなくオスマン帝国の来襲に多くの頁を割いている。ようやく翌年の記事において、「〔ボルドーの〕人々を服従下に保つための二本の塔と城」の建設が話題となる。しかし、大きな戦争が終結したという認識は読み取れない。

では、より公的性格の強い王令ではどうだろうか。王令は未来に向けて措置を発し、規則を定めることで、王権のその時々の立場を表すことがある。ボルドー陥落から半年後、一四五四年四月のことである。シャルル七世は、ロワール川沿いのトゥールにおいて王令を発した。このモンティ＝レ＝トゥール王令は、百年戦争とは違う文脈、つまりフランス司法の発展との関連で重視されている。

全一二五条から成る王令は、戦争中、機能不全に陥っていたパリ高等法院の再建を命じている。その管轄権や訴訟手続きを確認し、評定官の綱紀粛正を命じた。最終条においては、各地の慣習法の編纂を命じた。当時の王や貴族、都市の裁判の大部分は、不文の慣習法に基づいて行われた（七二頁参照）。これに対して、王令は王国全土で慣習法を編纂させ、パリ高等法院に登録することによって、それまで自生的に発達してきた各地の法を中央で把握しようとした。フランス司法の発展において、とてつもなく重要な試みである。

そんな王令で、公布背景を述べている冒頭文の一部を、少し長くなるが引用しよう。

余〔シャルル七世〕の王国に存在したもろもろの分裂と戦争によって、王国は大いに苦しめられ、人々を失った。このため、余が王国の統治についた時、古くからの敵であり敵対者であるイングランド人が、王国の大部分を占拠していることを知った。（中略）その後、余は全能なる神の恩寵によって、ノルマンディーの国と公領、メーヌとペルシュの国ぐにを征服し、余の服従下に取り戻した。そこを長く占領し、占拠していた古くからの敵イングランド人を余の軍によって追い出し、締め出し、この地の余の民を自由と特権のもとに回復した。その後、余は余の司教座にして都市であるボルドーおよびギュイエンヌの国ぐにと公領を征服した。そこに七〜八年間とどまり、占拠していた余の敵イングランド人を締め出し、余の国ぐにと民を隷属から解放した。（中略）長く余の王国に存在した戦争と分裂を通じて、王国の正義は大いに弱められ、抑圧されてしまい、王国における正義の維持と運用に関して発せられた先代のフランス王たちの諸王令は、高等法院における余の至上の裁判においても、王国のほかの裁判においても顧みられなくなった。（中略）余の正義に関して、以下に記す王令、定め、制定法を作成する。

さて、ここから何を読み取ることができるだろうか。

シャルル七世の公式見解

まず、フランス王が戦ってきた相手当事者が「敵イングランド人」と記されている。この表現は、内戦期に反英感情を鼓舞せんとした著作やパンフレットでも用いられたが、ここに来て公的な文書においても用いられた。これを前提に、引用文からはノルマンディーとギュイエンヌ（アキテーヌ）を「取り戻し」、イングランド人を「追い出し」た今、「正義」の担い手である高等法院を立て直そうとの趣旨を理解することができる。明記はされていないが、「取り戻し」と「追い出し」の結果、「戦争と分裂」が終わったかのように読み取れる。

百年戦争が一四五三年、つまり王令発布の前年に終わっているという前提に立って、これを読めば、特に気に留めるような王の言葉ではない。しかし、一四五三年終結説は後知恵でしかない。その前提は疑ってかかるべきである。だが翌五四年の王令において、戦争は終わっているかのように書かれている。命令や規範という性格の強い王令においてである。

これは何を意味しているのか。英側や国内諸侯の戦争に対する関心がどうであれ、これがシャルル七世の公式見解だということではないだろうか。当時のフランス首脳部は、アキテーヌ征服をもって戦争終結と考えていた可能性が高い。この王権がノルマンディー再征服にあたって、ジャンヌ・ダルク人気を利用しつつ人心掌握を試みたことも思い出そう。王令冒頭にこう書き記すことで、戦争がすでに終わったという雰囲気を醸し出そうとしたとも考えられる。王令は同年六月十七日、改革対象であるパリ高等法院で読み上げられたのち、各地の国王役人に写しが送付された。慣例通りであれば、王令の写しは教区教会の扉に貼《は》られ、ミサで音読されたのだろう。

一四五三年以降のフランス王権は、イングランドとの戦争に一区切りをつけた。イングランドでは、二年後に始まった薔薇戦争によって対仏戦争に割く精力を奪い取られ、ランカスター家とヨーク家がフランスの諸侯と軍事同盟を結ぶ可能性も低くなった。一三三七年、英大陸領をめぐって仏王位継承問題を交渉カードとして始まった戦争は、一四五三年に終結したと考えて良さそうである。「百年戦争」という名称は決して問題なしとはいえないが、この期間を考えると妥当といえる。期間だけでなく、戦争がフランスを中心とする西欧社会に残した痕跡を考えてもそういえるだろう。

終　章　百年戦争は何を遺したのか

国境を生んだ戦争

十二世紀にさかのぼる英大陸領の領有問題は、近代以降の領土問題とは似て非なるものである。イングランド王が大陸に領地を持ち続ける場合、フランス王への臣従が必要か否かという問題が絡んでいたからである。イングランド王は大陸に領土を持ったまま、主従関係を解消したい。フランス王は、英大陸領が残るならイングランド王に対して主君の地位を放棄する気はない。では、どうするのか。難問であった。

このような争いは、十三世紀末以降の英仏間において、現在の「国境」に近い考え方が芽生えたことでそれまでよりも先鋭化した。そこでは、一つの土地に対して複数の王の支配権が重なることはない。一つの土地には、一人の王の支配権のみが行使される。経済成長が頭打ちになるなかで、王国と諸侯領の君主たちは少しでもマンパワーと財力、その源泉である土地を維持しようとした。そのことが、支配地の境界に関する考え方の刷新を促した。

最初に行動を起こしたのは、イングランド王エドワード一世である。アキテーヌの独立を試みた。序章において、ジャン＝フィリップ・ジュネが、一二九四年のガスコーニュ戦争によって百年戦争が始まったと述べたことを紹介した。続けてジュネは、「百年戦争」は「(画定した領土を持つ)近代国家」を作ろうと、英側が始めた戦争だとも論じている。

戦争が始まると、仏側でも変化が生じた。司法・行政上、王国を地理的に区分する時、英大陸領との境界に frontière という語が使われ始めた。この語は後世、仏語や英語の「フロンティア」(国境)の語源となった。それは、明確にフランス王に服属している地域の境界を示した marche (辺境の意)や confin (境、隣、辺境の意)とは語感が違っていた。

その後、長い戦争のなかで、英仏二人の王の支配地や領有権の重なりは、ますます拒否されていく。一四四〇年代以降、メーヌ、ノルマンディー、アキテーヌについては、英仏間で主従関係が提案されたとしても、それは英仏ともに交渉の駆け引きの一環として提起されており、結局は征服か被征服か白黒をつける決着が求められた。だからこそ、和平交渉は妥結されなかった。

こうした「国境」を背景として、十五世紀末、フランスはさらなる領土の獲得に乗り出した。焦点となったのは、ブルゴーニュ公国が遺《のこ》した西欧有数の産業地帯フランドル、アンジュー公ルネが追い求めたナポリ、フランス西端のブルターニュである。いずれにおいても、やがてスペイン王を兼ねるハプスブルク皇帝家と戦うこととなる。次世代の外交軸は、その初めから新たな「国境」観を背景に生じ、戦われたのである。

中世ヨーロッパ社会からの脱皮

一〇〇年以上の戦乱のなかでは、戦闘と交渉の双方において戦略に変化が見られた。特に、主戦場となり緒戦連敗を喫したフランスでは、数々の変化が起こった。

戦争中盤、ベルトラン・デュ・ゲクランは騎士道よりも勝利を優先して、不戦や夜襲などの戦法を導入した。シャルル七世がパリ奪回を試みたのは、キリスト教社会で最も重要な祭日である復活祭週間の最中だった。一三三九年の開戦時、仏軍が、イエスが処刑された金曜日だからと会戦を回避したのとは大きな違いだ。十四世紀後半に導入された大砲の使用は、十五世紀中葉には一般化した。

和平交渉においても、さまざまな変化が見られた。十五世紀初頭、英側はそれまで和平交渉の使用言語だった仏語を退けた。これは、交渉を優位に進めようとする英側の揺さぶりでもあったが、両国における国語の発達があってこそ可能であった。戦争終盤より、王家間の婚姻という英仏そしてヨーロッパの伝統的な外交のあり方も変わり始めた。

フランス王の戦争と外交は百年戦争を通じて、キリスト教や騎士道を軸とする中世ヨーロッパ社会の伝統から脱皮していった。この新しい外交を支える資金源を生み出したのは租税制度である。税の本格化を通じて、フランス王国は中世社会からさらに一皮むけた、より強固なまとまりを帯びていく。

納税する臣民、徴税する国家

そもそも王が要求し、諸身分が承認した税は誰が納めたのか。

百年戦争期に本格化した税は、身分や階層に関わりなく、すべての王国住民に課された。中世ヨーロッパ社会においては、「聖職者」「貴族」「平民」という三つの身分のもと、人々はさらに多様な地位や階層にあり、それらに応じた権利を行使した。聖職者には大司教から学生まで、貴族には白ユリ諸侯から中小貴族、その子弟や都市貴族まで、平民には高級官僚から親方と職人、貧民まで。それぞれ、服すべき慣習法が違えば、管轄される裁判所も違う。宮廷であれ教会であれ、さまざまな儀式では、服装のほか、着座や行進する位置も指定された（なお、聖職者や貴族が免税特権を獲得するのは、もう少し後のことである）。

税は、こうした多様な住民に対して、額や種目こそ違え、一様に課された。そのなかで、王国住民は身分や地位に応じて個別にではなく、納税する一括りの集団として扱われ始めた。フランスでは一三七〇年頃、王が発布する王令や書簡において、こうした一括りの人々の集団は「臣民」（英語で subject、仏語で sujet）と呼ばれ始めた。当時は「臣下」を意味し、のちに「人間」一般を意味する human（英語）や homme（仏語）よりも従属性の強い単語である。

むろん、人々の身分がなくなったわけではない。王族や諸侯など高級身分の者たちは、他の貴族、ましてや平民と同列に「臣民」と呼ばれることに抵抗を感じた。また、「臣民」は言語、文化、習慣、歴史を共有する近代以降の「国民」（nation）とは、まだ少し距離があった。だが、「臣民」という捉え方は、納税の問題とともに、王国住民が身分を超えて王と一致協力してイングランド王と戦うという、戦争の宣伝を通しても広められた。

課税と納税がこうした変化をもたらすと、もう一つ明確にすべき問題がでてきた。徴収された税は誰のものか。「王の戦争」のために集められた貨幣とはいえ、王個人や王家のものではない。王と臣民、その双方の上にそびえ立つ共同体のものだった。この共同体は、王と臣民によってともに担われ、双方を結集させ、また義務を課した。税はそこに帰属した。

そうした共同体は、当時の言葉で「レス・プブリカ」と呼ばれた。これはラテン語であり、「リパブリック」（共和国）の語源である。この言葉は、かつて古代ローマ人が、みずからの生きる世界を呼ぶのに用いた言葉であった。ローマ共和制期の政治家で優れた弁論家としても活躍したキケロの文献やローマ法の研究を通じて、中世ヨーロッパに伝えられた言葉である。英訳をすると public thing、直訳だと「みんなの事柄」となる。当時のフランス王の王令においては、その仏語版 chose publique の語が、さまざまな王命を正当化する文言のなかで用いられた。いまだ身分制が残る時代の「リパブリック」、これをあえて意訳すれば「国家」となろうか。

祖国誕生への道のり

こうした「臣民」や「国家」といった存在は、目に見える実体を伴うわけではない。十四世紀後半以降、公的・私的な史料のなかで使われ始めた言葉にすぎない。しかし、さまざまな身分と地位を持つ人々が散らばり、遠くに王がいるという意識と、人々が身分を超えて同一の税を納めることで、王とつながり、一つの共同体に属すという意識とでは、まったく違う。そのことは、百年戦争の展開そのものにも表れている。

百年戦争については、十四世紀の「封建的戦争」に対して、十五世紀、特にヘンリー五世の征服戦争以降を「絶対主義的戦争」と呼ぶことがある。「封建社会」から「絶対主義国家」へ——それぞれの意味は多義的であり、使い古された概念といえないこともない。しかし、百年戦争が中世ヨーロッパ社会の大きな変動と不可分であることはたしかである。

アン・カリーは著書『百年戦争』において、一三六〇年のブレティニー＝カレー平和条約前後の戦いを「封建的」戦争と捉えた。なぜなら、そこでイングランド王エドワード三世は仏王位継承権を放棄する代わりに、アキテーヌをめぐる主従関係（「封建関係」とほぼ同義）の解消に成功したからである。しかし、「封建的」戦争は再開する。一四二〇年のトロワ平和条約は、仏王位を英ランカスター家に移すことによって、ここに「王朝的」な決着をつけた。しかし、戦争はそこでも終わらなかった。以後、「封建」関係が入り込む余地のない「国家」間の戦争となった。

こうした見方をフランス史の立場から掘り下げてみよう。ヘンリー五世の戦争が「王朝的」あるいは「国家的」な性格を帯びた最大の要因は、フランスの内戦であった。アルマニャック派とブルゴーニュ派はイングランド王に援軍を求め、最終的にはフランスの王女そして王位を差し出した。そこに、仏側の「国家」や「王朝」といった利害を指摘することは難しい。むしろ、「封建的」ないし「家門的」といえる。しかし、フランスでは十四世紀末以降のこの時期にこそ、反英感情と祖国愛が高まっていたのである。

イングランドは十五世紀以降、征服や王位継承といった「国家」的な主張を前面に出し、一時的とはいえこれを実現した。フランスではその脅威とともに内戦という現実が、人々に

「祖国」という存在を否応《いやおう》なく感じさせた。あえて近代的な言い方をすれば、「国家」としてまとまる必要性を痛感させた。ジャンヌ・ダルクが、イングランド人を追い出すことで救おうとした「祖国フランス」という漠然とした対象はこうして人々の意識のなかに登場し、以後、存在感を増していった。

フランス人とイングランド人の戦争

フランスを中心に、一三三七年と一四五三年のヨーロッパ社会を比べて考えた時、その最大の違いは、各地の王国のまとまりが強くなったことである。百年戦争を扱った国内外の文献の多くもこのように捉えている。城戸毅は英仏を「一刀両断に切り離す、外科的大手術」と戦争の歴史的な意味について表現した。「二つの国民の誕生」（ジョルジュ・ミノワ『百年戦争』二〇〇八年刊の副題）、「近代国家の産みの苦しみ」（ボリス・ボヴ『百年戦争』二〇一五年刊）など、フランス人研究者の出した結論もほぼ同じ趣旨である。

このような捉え方については、筆者も大いに支持するところである。本書ではこれに学びながら、フランスの司法や王国の政治構造とともに、誰が百年戦争を戦ったのかに注目してきた。戦争の当事者の問題である。それは、英仏両国の輪郭なりまとまりなりが、いつ、戦争のどの段階で、どんな事件を経て強化されたかを、より明確にするためであった。

一三四〇年、英仏間の戦争は、エドワード三世とフィリップ六世の個人的な問題であると記された。これが一三六〇年、最初の平和条約であるブレティニー=カレー条約の締結時に変化が生じた。戦争の当事者は、二人の王とともに「二つの王国」となった。一三九六年のパリ休戦協定では、それまでの「王」と「王国」に加えて、「臣民」が休戦の当事者として登場した。この時点では、三つの用語が併記されたが、一四二〇年のトロワ平和条約において、当事者は「二つの王国」へと一本化された。さらに一四五四年、フランスでは「敵イングランド人」というフレーズが公式の王令に記された。

この変化は一体、何を意味するのか。英仏両王が相対峙する状態は変わらない。しかし、二人の王の背後にいる王国住民、そして彼らと王との関係は変化していた。戦争当初、特にフランスでは、王という遠い存在がイングランドの王と戦い、住民は身分ごとにさまざまに反応し、さまざまな方法で王を援助した。フランス王の支配を望まないロベール・ダルトワ、ナヴァール王、フランドルの都市民、モンフォール伯ジャンは、イングランド王のもとに走った。

これに対して、ジャン二世の捕囚と身代金をきっかけに、王と王国住民は課税と納税を通じて、かつてないほど向き合うこととなった。むろん、課税を含めた王の政策に対しては、ジャックリーの農民反乱など激しい抗議があった。しかし、王国内の状況がどうあろうと、平和条約および休戦協定の公式文書のなかでは、王国が戦争の当事者となった。そして、フランスで諸侯間の政争が激しくなると同時に、反英感情を軸に祖国愛が喧伝された頃、臣民が戦争の当事者の列に加わった。

十五世紀、戦争はますます王だけのものではなくなった。王同士の領地の交換、主従関係の再締結、さらに王家間の結婚は提案されても、もはや実現しない。そうした方法では、征服するかされるかの領地争いは解決できなかった。この点で、トロワ平和条約はランカスター家によるフランス王国の継承を宣言する一方で、英仏王家間の婚姻を成立させた。それは、王の戦争が王国の、そして臣民のあいだの戦争へと変わっていく、その中間形態といえるかもしれない。そして、大陸から英軍が撤退する頃、戦争は少なくともフランスにおいては、「フランス人」と「イングランド人」の戦争となっていた。

王と臣民の対話の時代へ

こうして百年戦争は、王だけでなく、王が治める王国、そして王国を構成する臣民が主役となる時代を西欧各国にもたらした。

英仏両王の支配圏を切り離すための戦いは、さまざまな身分と地位の人々が王と緩やかにつながっている時代に始まった。だが、フランス王国内のまとまりが緩やかな状態である限り、戦争は終わらなかった。イングランド王がフランス内に領地を持ち、支配権を行使できる余地、ないしは隙間のようなものが存在したからである。フランスの貴族・諸侯が王国を飛び越えて、イングランド王に協力しても、何も不思議ではなかった。

しかし、戦争が激化すると、王と臣民が向き合い、特に税をめぐって対話をし始めた。また、フランスの内戦は王国住民に結束の必要性を呼び起こし、祖国フランスの存在は目に見えるものではないが、ジャンヌ・ダルクのような農民の乙女にも知れ渡った。そうなると、イングランド王の領地は居場所をなくし、はじき出された。ここに、英仏という交わることのない二つの社会が出現した。

百年戦争は、イングランド王が主従関係を切断しようとして始まった。その後、フランス貴族のさまざまな思惑に引きずられながら拡大し、複雑化した。そして、フランスの軍事力が勝《まさ》ったからではなく、フランスの国家が統一されることによって終結した。

外交関係においても、英仏間以外でも、一三三七年に結ばれ一三四五〜四六年にかけて更新された仏ーカスティーリャ間の条約においては、王同士を超えて「臣民および双方の領地(国)」のあいだの同盟が結ばれた。一三七〇年の英ーアラゴン間では「我々、王国、領地、支配地、そして臣民と封臣のために」同盟が結ばれた。これらのイベリア半島諸国をめぐる同盟関係は、特に序盤から中盤にかけての戦いの展開に大きな影響を及ぼした。

対内的にも、王と臣民の対話こそが、王国統治の理想的なあり方であるという考えが強くなっていった。フランスでは、戦争の本格化とともに発展した全国三部会が対話の象徴的存在であった。シャルル七世は課税に関して三部会を開かなくなったが、その死後も一四八四年や一五六〇年などの緊急時、王国全土の諸身分がトゥールやパリに召集された。それが、一六一四年を最後に、全国三部会はルイ十四世期（一六四三～一七一五年）以降になると召集されなくなる。

しかし、王と臣民の対話こそが王国統治のあるべき姿であるとする考え方が忘れ去られたことはなかった。十八世紀後半、イギリスとの植民地争奪戦での敗北とアメリカ独立戦争への参戦のため、フランス王国の財政が逼迫《ひっぱく》した。真の危機が訪れたこの時、万策尽きる寸前の一七八九年、ヴェルサイユ宮殿に全国三部会が召集された。それは、王と臣民による王国統治理念が生き続けていた証拠である。一七八九年の大革命はこの全国三部会が紛糾するなかから起こり、そこでは、平等な「市民同士の対話」を掲げる社会が提唱された。

百年戦争は、中世ヨーロッパという一つの社会が、次の社会へと変動していく様子を物語りながら戦われ、いくつかの遺産をもたらした。その一つ、王と臣民の対話による王国統治の理念は、次の一〇〇年間を超えて、長くフランス王国の土台となった。百年戦争とは、王と臣民を向き合わせた、中世ヨーロッパ最後の戦いだった。

あとがき

中央公論新社の並木光晴氏から、本書執筆のお話をいただいたのは二〇一七年八月のことである。それから約二年半、本書が世に出るまで、筆者はどれほど多くの方々に支えられてきたのだろうか。

筆者が初めて百年戦争と向かい合ったのは、城戸毅『百年戦争——中世末期の英仏関係』の書評を書かせていただいた時である。本文でも紹介した通り、百年戦争に関する日本初の本格的な研究書である。筆者にとって初めての全国誌での書評を準備しながら、戦争の複雑さ、期間はもちろんのこと登場人物の広がり、中世ヨーロッパ社会への波及の大きさ、戦争前後での英仏両国の変貌ぶりに圧倒される日々が続いた。

その頃、百年戦争期のフランスでなぜ諸侯たちが強大化したかについて、それまでの論文をまとめ直したこともあり（『百年戦争期フランス国制史研究——王権・諸侯国・高等法院』）、次のテーマについて悩んでいた。幸い、フランスで研究する機会を得て、アンジュー公領の司法制度に関する史料を読んでみた。プランタジネット家の発祥地であり、英仏関係の焦点となり続けたフランス北西部の諸侯領である。

しかし、帰国直後の二〇一五年十一月末、少々難しい病気を発症した。すぐに勤務地の秋田で入院したのち、大阪に飛んで手術を受けた。職場復帰した頃には、研究と教育の場から一年近くも離れており、仕事だけでなく日常生活においてもさまざまな制約下に置かれた。百年戦争の勉強どころか、研究・教育職を続けることができるのかと不安な日々が続いた。

筆者が抱えている病気では、医療機器を使用することから、周囲の方に付き添っていただかなければ、一人で職場に行くこともできなかった。家族以外にも、近くに住むゼミの卒業生や友人ほか、勤務先である秋田大学教育文化学部地域文化学科国際文化講座の先生方と事務職員のみなさんに、医療機関による講習を受けていただいた。英文学の佐々木和貴・大西洋一の両先生には、自宅への送り迎えまでしていただいた。何とお礼を申し上げればよいのか、今も適切な言葉を探し続けている。

並木氏からお手紙をいただいたのは、復職後に再開した授業を一通り終え、安堵していた頃である。お手紙を読んだ時、今は治療に専念しなければならないと思うと同時に、百年戦争の規模の大きさに圧倒された日々が蘇《よみがえ》ってきた。たとえ引き受けたとしても、どこから、どのように書けばいいのか。イギリス史については一から勉強する必要がある。

一方で、当面はフランスでの史料調査どころか、国内の学会に出席することもできない、書くとすれば今しかないとも考えた。最初の連絡から約一〇ヵ月後、並木氏に秋田まで来ていただき、お話を伺った。百年戦争とジャンヌ・ダルク、それぞれ一度は耳にしたことがあっても、戦争の中身はまったくといっていいほど知られていない、と。打ち合わせ後、勤務先で中国史を担当する内田昌功先生と妻、娘に付き添われて食事をした時には、百年戦争の通史を執筆させていただきたいと筆者の方からお願いしていた。

このあとがきを書いている今も、並木氏は、本文の校正刷りとともに図版等を徹底的にチェックし、何かあれば毎日のように電話してくださる。そのことはもちろんのこと、お声をかけていただき、研究者としての生命を救ってくださったことに心よりの感謝を申し上げたい。

こうして始まった本書執筆であるが、何に焦点を絞って書くべきか、これで良かったのかと、今でも反省する日々である。幸い、前述の事情から、本書執筆中は職場内外で多くの方々とお話をする機会に恵まれた。広い読者層を念頭に執筆するにあたり、中世ヨーロッパやフランス、ジャンヌ・ダルクや百年戦争についてのイメージを聞かせていただいた。

そこで得た感触は、はじめにの冒頭に書いた通りである。ジャンヌ・ダルクと百年戦争が結び付いていない現状を改めて痛感すると同時に、多くの方々が古い時代のヨーロッパの歴史に関心を持っていることを肌で感じることができた。折しも二〇一八年と二〇一九年、サッカーとラグビーのワールドカップが開催され、英仏ともに好成績を残した。さらにこの間、イギリスのEU（ヨーロッパ連合）からの離脱問題が報道されたことも重なって、英仏を中心にヨーロッパの国々の成り立ちについていろいろと質問してくださる方もいた。

本書では背伸びをせず、これまで勉強してきたことを活《い》かして、主戦場となったフランス王国に視点を据えて書くことにした。どんどん大規模になり、複雑化していく戦乱の過程を記述する時には、人名や地名を次々と登場させるだけでなく、背景として、そもそも誰と誰の戦争なのかについて人々の認識の変化を追ってみた。英仏二人の王の戦いは、最終的にはイングランド人とフランス人の戦争へと変化していた。そしてそこには、キリスト教会の和平努力とともにフランスの内戦など、英仏内外の事情が密接に絡んでいた。

これに対して、イギリス側から見た場合、本書とは違う歴史像が浮かび上がってくることは間違いないだろう。フランス王国にある英大陸領の独立が戦争目的ならば、十三世紀末以前をもっと詳しく記述する必要がある。イングランド王が、なぜ一四五三年以後も「フランス国王」の称号を使い続けたのかも考えねばならない。さらに、ランカスター朝成立の一三九九年と薔薇戦争中の一四六一年、国王を廃位するという二度の経験は、同じく王位継承を争点とした対仏戦争での戦い方に何らかの影響を及ぼしたのだろうか。これらのことを追究すれば、「百年戦争」という名称や時期設定への疑問は一層深まってくる。また、フランス史に焦点を絞ったとしても、本書執筆の過程で検討が不可欠だと考えた論点が二つある。

第一は、フランス各地における戦争の温度差という論点である。パリと英大陸領のあいだに位置したフランス北西部は十四世紀中、英軍の略奪にいく度もさらされ、会戦の地ともなった。十五世紀前半においては、英軍司令官の褒賞の地となり、占領されることもあった。これに対して同時期、神聖ローマ帝国との境界地域を治めたブルゴーニュ公家は、内戦のなかでヴァロワ王家から離れ、イングランド王と同盟を結んだ。それは、ブルゴーニュがフランス王国の外にも領地を広げたことに加え、西側ほどには戦争の被害を受けなかったことも関係していると考えられる。百年戦争が英－仏－ブルゴーニュの鼎立《ていりつ》状態へと展開した過程は、政治的な抗争や力関係からだけでは説明しきれないだろう。

第二は、王妃が見た戦争という論点である。本書の登場人物の大半は男性であった。英仏の王、王族出身の諸侯、貴族身分の軍司令官、平民のリーダー、教皇と皇帝――。しかし、百年戦争では英仏王家間の結婚が重要な区切りとなった。それらの結婚によって英王妃となった仏王女らの存在は、休戦や平和条約を保障する一方で、イングランド王による仏王位継承の根拠ともなった。中盤戦から終盤戦にかけては、病身や若年のフランス王に代わって、王妃やその母親（いずれもフランス王国外の王侯家門出身）が王国統治を担った。彼女たちはドーヴァー海峡を渡ったか否かを問わず、英仏の戦争状態に何を思ったのだろうか。

今後、これらの論点を深めながら、百年戦争のさまざまな側面を発信していきたい。そうすることでしか、今日も支えてくださっている方々に恩返しできる道はないと信じている。

二〇一九年九月、本書の初稿を並木氏に送った直後、病気の治療にも一つの区切りが訪れた。アンジュー地方での史料調査は当分のあいだ無理だろうが、ひとまず医療機器に頼らないで生活を送っている。これまで述べてきた方々はもちろん、施設名は控えさせていただくが、秋田、大阪、東京における医療機関のスタッフのみなさんのおかげである。特に発症以来、今日に至るまでお世話になっている秋田の真壁医師、河野・山田両看護士、浜浦技師、大阪の瀬口・黒田両医師と堀さんには、この場をお借りして御礼を申し上げたい。

最後に、大阪の病室で約三ヵ月間、文字通り寝食を共にし、社会復帰するための勇気と笑顔をくれた京都の河上夫妻に感謝し、本書を捧げる。

二〇二〇年二月

佐藤　猛

T. Rymer and others, *Fœdera, conventiones, literæ, et cujuscunque generis acta publica : inter reges Angliae et alios quosvis imperatores, reges, pontifices, principes, vel communitates, ab ineunte sæculo duodecimo, viz. ab anno 1101, ad nostra usque tempora habita aut tractata : ex autographis, infra secretiores Archivorum regiorum thesaurarias, per multa sæcula reconditis, fideliter exscripta : in lucem missa de mandato nuperæ Reginæ*, London, 20 vols, 1726-1729.

D.-F., Secousse et als [éd], *Ordonnances des roys de France de la troisième race*, Paris, L'imprimerie royale, 22 vols, 1723-1849.

J. Stevenson (éd.), *Letters and Papers, Illustrative of the Wars of the English in France During the Reign of Henry the Sixth, King of England,* London, Longman, Green, Longman, and Roberts, 2 vols, 1861-1864.

P.-Cl. Timbal avec la collaboration de M. Gilles...[et al.], *La guerre de Cent ans : vue à travers les registres du Parlement (1337-1369)*, préface d'A. Chamson, Paris, C. N. R. S., 1961.

史 料

Chronique des règnes de Jean II et de Charles V, par R. Delachenal, Paris, Librairie Renouard, 3 vols, 1910-1920. (*Chronique de Jean II, 1350-1364* ; *Chronique de Charles V, 1364-1380*, par P. d'Orgemont, traduite de l'ancien français par N. Desgrugillers, Clermont-Ferrand, Paléo, 2003.)

Chronique de Charles VII roi de France par Jean Chartier, 3 vols, par, Auguste Vallet de Viriville (éd.), Paris, P. Jannet, 1858.

Chronique du religieux de Saint-Denys : contenant le règne de Charles VI, de 1380-1422, publiée en latin et traduite par L. Bellaguet, introduction de B. Guenée, Paris, Éditions du Comité des travaux historiques et sceintifiques, 3 vols, 1994.

Chronique des quatre premiers Valois (1327-1393), par S. Luce, Paris, Mme Ve Jules Renouard, 1862.

La chronique d'Enguerrand de Monstrelet, en deux livres, avec pièces justificatives, 1400-1444, par L. Douët-d'Arcq, Paris, Mme Ve Jules Renouard, 6 vols, 1857-1860.

Le journal d'un bourgeois de Paris tenu pendant les règnes de Charles VI et Charles VII, manuscrit de Rome, texte original du manuscrit établit par N. Desgrugillers-Billard, Clermont-Ferrand, Paléo, 2009.

Les chroniques de sire Jean Froissart, qui traitent des merveilleuses emprises, nobles aventures et faits d'armes advenus en son temps en France, Angleterre, Bretagne, Bourgogne, Ecosse, Espaigne, Portugal et ès autres parties nouvellement revues et augmentées d'après les manuscrits, avec notes, éclaircissements, tables et glossaires, par J. A. C. Buchon, Paris, A Desrez, 3 vols, 1835.

Les grandes chroniques de France, publiées par J. Viard, Paris, H. Champion, 10 vols, 1920-1953.

Th. Basin, *Histoire de Charles VII*, éditée et traduite par Ch. Samaran, Paris, Les Belles Lettres, 2 vols, 1964-65.

E. Cosneau, *Les grands traités de la guerre de cent ans*, Paris, Alphonse Picard, 1889.

A. Curry, *The Battle of Agincourt: Sources and Interpretations*, London, Boyell Presse, 2000.

T. Rymer, R. Sanderson et others, *Fœdera, conventiones, litteræ, et cujuscunque generis acta publica, inter reges Angliæ et alios quosvis imperatores, reges, pontifices, principes, vel communitates: ab ingressu Gulielmi I. in Angliam, A.D. 1066 ad nostra usque tempora habita aut tractata : ex autographis, infra secretiores archivorum regiorum thesaurarias, asservatis, aliisque summæ vetustatis instrumentis, ad historiam anglicanam spectantibus, fideliter exscripta*, London, 4 vols, 1816-1869.

Annales du Midi : revue archéologique, historique et philologique de la France méridionale, t. 43, N° 169, 1931, p. 5-39.

G. Minois, *La guerre de cent ans: naissance de deux nations*, Paris, Perrin, 2008.

J.-M. Moeglin, « Entre 1250 et 1350 : Système des états et ordre dynastique », P. Hoppenbrouwers, A. Janse, R. Stein, *Power and Persuasion: Essays on the Art of State Building in Honour of W. P. Blockmans*, Turnhout, Brepols, 2010, p. 3-25.

J.-M. Moeglin, « L'honneur d'Édouard III roi de France et d'Angleterre », dans J. Claustre, O. Mattéoni et N. Offenstadt (s. la dir. de), *Un Moyen Âge pour aujourd'hui: Mélanges offerts à Claude Gauvard*, Paris, P. U. F., 2010, p. 137-151.

J.-M. Moeglin, « « La guerre de Cents Ans » : une création historiographique ? », *Comptes rendus des séances de l'Académie des Inscription et Belles-Lettres*, N° 2, 2010, p. 843-862.

J.-M. Moeglin, « Récrire l'histoire de la Guerre de Cent Ans. Une relecture historique et historiographique du traité de Troyes (21 mai 1420) », *Revue historique*, t. CCCXIV-4, N° 664, 2012, p. 887-919.

N. Offenstadt, *Faire la paix au Moyen Âge : discours et gestes de paix pendant la guerre de Cent Ans*, Paris, Odile Jacob, 2007.

N. Offenstadt, « France-Angleterre. Le grand affrontement », *L'Histoire*, N° 380, 2012, reproduit dans *La guerre de Cent Ans. L'Histoire*, 2012, p. 9-21.

N. Offenstadt, « Espionner, enrôler, convaincre », *L'Histoire*, N° 380, 2012, reproduit dans *La guerre de Cent Ans. L'Histoire*, 2012, p. 85-92.

É. Perroy, *La guerre de cent ans*, Paris, Gallimard, 1976. (1er éd. 1945).

J. Sumption, *The Hundred Years War: I. Trial by Battle, II. Trial by Fire, III. Divided Houses, IV. Cursed Kings*, London, Faber and Faber, 1990-2015,

P. Tucoo-Chala, « L'Aquitaine anglaise », *L'Histoire*, N° 104, 1987, reproduit dans *La guerre de Cent Ans. L'Histoire*, 2012, p. 71-84.

M. Vale, *The Ancient Enemy: England, France and Europe from the Angevins to the Tudors 1154-1558*, London and New York, Hambledon Continuum, 2007.

M. Vale, *Henry V: The Conscience of a King*, New Haven and London, Yale University Press, 2016.

J. A. *Wagner, Encyclopedia of the Hundred Years War*, Westport, Greenwood Press, 2006.

B. Wolffe, *Henry VI*, New Haven and London, Yale University Press, 2001 (first published in 1981).

recueillis par J. Maurice, D. Couty et M. Guéret-Laferté, Paris, P. U. F, 2002, p. 13-26.

A. Curry, *The Hundred Years War*, Second Edition, New York, Palgrave Macmillan, 2003（First Edition 1993）.

A. Curry, « Two Kingdoms, One King: The Treaty of Troyes（1420）and the Creation of a Double Monarchy of England and France », in G. Richardson（ed.）, *'The Contending Kingdoms' : France and England 1420-1700*, Burlington, Ashgate, 2008, p. 23-41.

J. Favier, *La guerre de cent ans*, Paris, Fayard, 1980.

C. Fletcher, « Vue d'Angleterre », *L'Histoire*, N° 380, 2012, reproduit dans *La guerre de Cent Ans. L'Histoire*, 2012, p. 22-30.

J.-Ph. Genet, « L'État moderne: un modèle opératoire ? », dans Id.（éd.）, *L'État moderne, genèse : bilans et perspectives*, Paris, Édition de C. N. R. S., 1990, p. 261-281.

J.-Ph. Genet, « La genèse de l'État moderne. Les enjeux d'un programme de recherche », *Actes de la Recherche en Sciences Sociales*, N° 118, 1997, p. 3-18.

J.-Ph. Genet, « Traverser la Manche... », dans J-Ph. Genet et Fr.-J. Ruggiu［s. la dir. de］, *Les idées passent-elles la Manche ? : Savoirs, représentations, pratiques (France-Angleterre Xᵉ-XXᵉ siècles)*, Paris, PU Paris-Sorbonne, 2007, p. 7-18.

J.-Ph. Genet, « La France est-elle née dans la guerre ? », *L'Histoire*, N° 380, 2012, reproduit dans *La guerre de Cent Ans. L'Histoire*, 2012, p. 146-147.

J.-Ph. Genet, « The Government of Later Medieval France and England: A Plea for Comparative History », Ch. Fletcher, J. Ph. Genet and J. Watts（ed.）, *Government and Political Life in England and France, c.1300-c.1500*, Cambridge, Cambridge University Press, 2015, p. 1-23.

B. Guenée, « Les Grandes Chroniques de France, le Roman aux roys（1274-1518）», dans P. Nora［s. la dir. de］, *Les lieux de mémoire*, t. II : La nation, v. 1, Paris, Gallimard, 1986, p. 189-214.

B. Guenée, *Un meurtre, une société. L'Assassinat du duc d'Orléans, 23 novembre 1407*, Paris, Gallimard, 1992.〔邦訳はベルナール・グネ（佐藤彰一、畑奈保美訳）『オルレアン大公暗殺――中世フランスの政治文化』岩波書店、2010年〕

X. Hélary, « Azincourt : la plus grande défaite française », *L'Histoire*, N° 380, 2012, reproduit dans *La guerre de Cent Ans. L'Histoire*, 2012, p. 49-56.

J. Le Patourel, *Feudal Empires: Norman and Plantagenet*（History series, 18）, London, The Hambledon Press, 1984.

G. Loirette, « Arnaud Amanieu, sire d'Albret, ses rapports avec la monarchie française pendant le règne de Charles V（1364-1380）,

F. Autrand, *Charles VI : la folie du roi*, Paris, Fayard, 1986.
F. Autrand, *Charles V : le Sage*, Paris, Fayard, 1994.
F. Autrand, « Les artisans de paix face à l'État. La diplomatie pontificale et le conflit franco-anglais au XIVe siècle », dans Ph. Contamine [s. la dir. de], *Guerre et concurrence entre les États européens du XIVe au XVIIIe siècle*, Paris, P. U. F., 1998 (=*Guerre et concurrence entre les États européens*, 1998), p. 305-337.
J. Barker, *Conquest: The English Kingdom of France, 1417-1450*, Cambridge, Massachusetts, Harvard University Press, 2012, (1st ed., 2009).
O. Bouzy, *Jeanne d'Arc en son siècle*, Paris, Fayard, 2013.
B. Bove, *Le temps de la guerre de cent ans (1328-1453)*, Paris, Éditions Belin, 2009.
B. Bove, *La guerre de cent Ans*, Paris, Belin Litterature et Revues, 2015.
R. Cazelles, *Étienne Marcel : la révolte de Paris*, Paris, Tallandier, 2006.
D. Clauzel, Ch. Giry-Deloison et C. T. Leduc (éd.), *Arras et la diplomatie européenne: XVe-XVIe siècles*, Arras, Artois Presses Université, 1999.
Ph. Contamine, « France et Angleterre de Guillaume le Conquérant à Jeanne D'Arc. La formation des États nationaux », dans F. Bédarida, F. Crouzet, D. Johnson (éd.), *Dix siècles d'histoire franco-britannique, de Guillaume le Conquérant au Marché commun*, Paris, Albin Michel, 1979, p. 23-33 et p. 425-426; reproduit dans Ph. Contamine, *Des pouvoirs en France 1300-1500*, Paris, P. E. N. S., 1992, p. 27-36.
Ph. Contamine, *Au temps de la guerre de cent ans: France et Angleterre*, Paris, Hachette, 1994 (1e éd., 1976).
Ph. Contamine, « Un contrôle étatique croissant. Les usages de la guerre du XIVe au XVIIIe siècle : rançons et butins », dans *Guerre et concurrence entre les États européens*, 1998, p. 199-236.
Ph. Contamine, « Le drapeau rouge des rois de France », *L'Histoire*, N° 61, 1983, reproduit dans *La guerre de Cent Ans. L'Histoire* (Ouvrage publié dans la collection Pluriel sous la responsabilité de F. d'Almeida), Paris, Hachette Pluriel Édition, 2012 (=*La guerre de Cent Ans. L'Histoire*, 2012), p. 95-113.
Ph. Contamine, « Les Anglais, "anciens et mortels ennemis" des rois de France, de leur royaume et des français pendant la guerre de cent ans », *Revista de história das ideias: A Guerra*, v. 30, 2009, p. 201-218.
Ph. Contamine, *Charles VII. Une vie, une politique*, Paris, Perrin, 2017.
B. M. Cron, « The duke of Suffolk, the Angevin marriage, and the ceding of Maine, 1445 », *Journal of Medieval History*, v. 20, 1994, p. 77-99.
A. Curry, « Le traité de Troyes (1420). Un triomphe pour les Anglais ou pour les Français ? », dans *Images de la guerre de Cent Ans*, textes

棄」（渡辺節夫編『ヨーロッパ中世社会における統合と調整』創文社、2011年、p.130-158）
山内進『掠奪の法観念史――中・近世ヨーロッパの人・戦争・法』東京大学出版会、1993年
山瀬善一『百年戦争――国家財政と軍隊』教育社、1981年
エルンスト・H・カントーロヴィチ（小林公訳）『王の二つの身体――中世政治神学研究』平凡社、1992年
ジョン・キーガン（高橋均訳）『戦場の素顔――アジャンクール、ワーテルロー、ソンム川の戦い』中央公論新社、2018年
エドマンド・キング（吉武憲司、高森彰弘、赤江雄一訳）『中世のイギリス』慶應義塾大学出版会、2006年
ラルフ・グリフィス編（鶴島博和日本語版監修、北野かほる監訳）『14・15世紀』（「オックスフォード　ブリテン諸島の歴史」第5巻）慶應義塾大学出版会、2009年
フィリップ・コンタミーヌ（坂巻昭二訳）『百年戦争』白水社、2003年
コレット・ボーヌ（阿河雄二郎、北原ルミ、嶋中博章、瀧澤聡子、頼順子訳）『幻想のジャンヌ・ダルク――中世の想像力と社会』昭和堂、2014年
M・モラ、Ph・ヴォルフ（瀬原義生訳）『ヨーロッパ中世末期の民衆運動――青い爪、ジャック、そしてチオンピ』ミネルヴァ書房、1996年

史　料
高橋清徳訳「（資料）パリ市の一般警察および諸職に関する国王ジャン２世の勅令（1351.1.30）」（『千葉大学法学論集』第１巻第２号、1987年、p.61-127）
高山一彦編訳『ジャンヌ・ダルク処刑裁判』白水社、2002年
堀越孝一訳・校注『パリの住人の日記』八坂書房、2013～2019年、第１巻：1405-1418、第２巻：1419-1429、第３巻：1430-1434
ヨーロッパ中世史研究会編『西洋中世史料集』東京大学出版会、2000年
ウィリアム・シェイクスピア（小田島雄志訳）『シェイクスピア全集　ヘンリー六世』第一部・第二部・第三部、白水社、1983年
ウィリアム・シェイクスピア（小田島雄志訳）『シェイクスピア全集　リチャード二世』白水社、1983年
ウィリアム・シェイクスピア（小田島雄志訳）『シェイクスピア全集　ヘンリー五世』白水社、1983年

●外国語文献

研究文献
C. T. Allmand, *The Hundred Years War: England and France at War, c. 1300-c. 1450*, Cambridge, Cambridge University Press, 1988.

参考文献

●日本語文献

研究文献

朝治啓三・渡辺節夫・加藤玄編著『中世英仏関係史1066-1500――ノルマン征服から百年戦争終結まで』創元社、2012年

井上泰男「初期ヴァロア朝の「政治危機」について――「国王顧問会」と「身分制議会」」(『北海道大学人文科学論集』第3号、1964年、p.1-38)

上田耕造『ブルボン公とフランス国王――中世後期フランスにおける諸侯と王権』晃洋書房、2014年

近江吉明『黒死病の時代のジャクリー』未來社、2001年

加藤玄「国王と諸侯――14世紀ガスコーニュに生きたガストン・フェビュスの生涯から」(近藤和彦編『ヨーロッパ史講義』山川出版社、2015年、p.55-73)

樺山紘一『パリとアヴィニョン――西洋中世の知と政治』人文書院、1990年

城戸毅「公開講演　百年戦争とは何だったのか」(『白山史学』第44号、2008年、p.1-29)

城戸毅『百年戦争――中世末期の英仏関係』刀水書房、2010年

佐藤賢一『英仏百年戦争』集英社、2003年

佐藤猛「中世後期におけるフランス同輩と紛争解決」(『西洋史研究』新輯第37号、2008年、p.199-209)

佐藤猛『百年戦争期フランス国制史研究――王権・諸侯国・高等法院』北海道大学出版会、2012年

柴田平三郎「トマス・アクィナスの《正戦論》」(『獨協法学』第85号、2011年、p.1-50)

周圓「中世キリスト教徒による「正しい」暴力行使(1)(2)(3)――グラティアヌスの教令集法律事件23を素材に」(『東洋法学』第60巻第3号、2017年、p.111-142、第61巻第1号、2017年、p.187-230、第61巻第2号、2017年、p.73-106)

花房秀一「13世紀前半ノルマンディにおけるカペー王権と在地貴族層――クロス・チャネル・バロンズの検討を中心に」(『西洋史研究』新輯第41号、2012年、p.81-102)

堀越宏一「14世紀後半のフランス王国における租税制度の成立」(渡辺節夫編『ヨーロッパ中世の権力編成と展開』東京大学出版会、2003年、p.185-208)

堀越宏一「中世後期フランスの三部会における課税合意の形成と課税放

1424年　ヴェルヌイユの戦いで、英軍が仏混成軍を撃破。英軍、モン・サン＝ミシェルを攻囲するも失敗。
1425年　英軍、ルマンおよびメーヌを占領、ロワールに進攻。
1429年　仏軍とジャンヌ・ダルク、オルレアンの攻囲を解く。王太子シャルル、ランスにて戴冠しシャルル7世に。
1431年　ジャンヌ・ダルク、ルーアンにおいて異端者（再犯者）として処刑。ヘンリー6世、パリにおいて戴冠。
1432年　ノルマンディーにおいて、英占領統治への抵抗が激化。英ー仏ーブルゴーニュ間で和平交渉が再開。
1435年　アラス平和条約。シャルル7世、ブルゴーニュ公フィリップに対して父の殺害を謝罪し、内戦が終結。
1436年　仏軍、パリを奪還。ベッドフォード公ジョンの死に伴い、ヨーク公リチャードがフランスに派遣される。
1440年　フランスでプラグリーの乱。諸侯層、王太子ルイを担ぎシャルル7世に対し挙兵。オルレアン公シャルル、釈放。
1443年　イングランドにおいて対仏強硬派と和平派の対立激化。
1444年　トゥール休戦協定（2年間）。ヘンリー6世とアンジュー公女マルグリットが結婚。
1445年　シャルル7世、常備軍である王令部隊を創設。
1448年　仏軍、ルマンおよびメーヌを奪回。
1449年　英軍、フジェールを攻撃。仏軍、ノルマンディー再征服に着手。シャルル7世、ルーアンを奪回。
1450年　フォルミニーの戦いで仏軍勝利、ノルマンディー奪回。
1451年　シャルル7世親征軍、ガスコーニュに進攻。ボルドーと降伏条約を締結。デュノワ伯、バイヨンヌに入城。
1452年　トールボット率いる英軍、ボルドーを奪回。
1453年　カスティヨンの戦いで、砲兵隊の活躍により仏軍勝利。ボルドー陥落。百年戦争終結。
1455年　イングランドにおいて薔薇戦争が勃発（～1485年）。
1456年　ジャンヌ・ダルク、異端宣告を取り消される。
1475年　エドワード4世、フランスに出兵。
1492年　エタープル平和条約。トロワ平和条約以来、英仏間で初めての平和条約が締結される。

年)。

1360年　ブレティニー−カレー平和条約。エドワード3世、仏王位継承権を放棄する見返りに、フランス南西部を完全な主権のもとに獲得。ジャン2世は釈放される。

1368年　ガスコーニュ領主、パリ高等法院において集団上訴。

1369年　エドワード3世、再度フランス王を名乗る。シャルル5世、英大陸領の没収を宣告、再征服戦争を開始。

1370年　ベルトラン・デュ・ゲクラン、フランス大元帥に就任。

1372年　英艦隊、ラ・ロシェル沖で敗北。この頃、仏軍、ガスコーニュとカレーを除く大陸領を次々と奪回。

1378年　教会大分裂が発生、ローマとアヴィニョンに教皇並立。

1382年　仏軍、十字軍を掲げてフランドル諸都市を攻撃。

1392年　シャルル6世、精神疾患を発症。

1396年　パリ休戦協定（28年間）。リチャード2世がシャルル6世の娘イザベルと結婚。

1399年　リチャード2世廃位。従兄で、ランカスター公ジョンの息子ヘンリー4世が即位（ランカスター朝開始）。

1407年　オルレアン公ルイ、ブルゴーニュ公ジャンの刺客によって殺害。その後、両家の系統を引くアルマニャック派とブルゴーニュ派の内戦が勃発。

1412年　ジャンヌ・ダルク誕生。ヘンリー4世、ブルゴーニュ派と対立するアルマニャック派に援軍派遣。

1414年　コンスタンツ公会議、教会大分裂の終結を目指す。

1415年　ヘンリー5世親征軍、アルフルールを占領。アザンクールの戦いで、英軍が仏軍を撃破、大量の捕虜を取る。

1417年　教会大分裂が終結。ヘンリー5世、ノルマンディー征服事業を開始。

1418年　ブルゴーニュ派、パリを奪取。仏王太子シャルルはアルマニャック派に担がれ、ブールジュに宮廷を移す。

1419年　アルマニャック派、ブルゴーニュ公ジャンを殺害。ジャンの遺児フィリップ、ヘンリー5世と同盟締結。

1420年　トロワ平和条約。ヘンリー5世、シャルル6世の娘カトリーヌと結婚、仏王位継承権を取得。

1422年　生後10カ月半のヘンリー6世、英王位に続いて仏王位を継承、英仏連合王国成立（摂政はベッドフォード公ジョン）。王太子シャルル、アルマニャック派に擁立され、フランス王を名乗る。

関連略年表

1202年　フィリップ2世、ジョン王に対してノルマンディー、メーヌ、アンジューにおける英大陸領の没収を宣告。
1259年　パリ平和条約。ヘンリー3世、フランス北西部を放棄し、アキテーヌについてルイ9世に臣従礼を呈示。
1294年　フィリップ4世、エドワード1世に対して英大陸領の没収を宣告。ガスコーニュ戦争勃発（～1297年）。
1295年　フランスとスコットランド、同盟締結（以後、更新）。
1303年　パリ平和条約。エドワード1世の息子エドワードとフィリップ4世の娘イザベルが婚約（婚礼は1308年）。
1328年　シャルル4世死去（カペー朝断絶）。摂政で、ヴァロワ伯のフィリップ6世が国王即位（ヴァロワ朝開始）。
1329年　エドワード3世、フィリップ6世に臣従礼を呈示。
1336年　教皇ベネディクトゥス12世、フィリップ6世に対して十字軍の中止を勧告する。
1337年　フィリップ6世、ロベール・ダルトワの引き渡しを拒否するエドワード3世に対して、大陸領没収を宣告。エドワード3世、フィリップ6世の仏王位継承を認めず、アキテーヌに関する臣従礼を破棄。百年戦争勃発。
1338年　神聖ローマ皇帝ルートヴィッヒ4世、エドワード3世を皇帝代理に任命。
1339年　エドワード3世、カンブレー地方に進攻、開戦。
1340年　エドワード3世、フランドルのヘントにおいて自らをフランス王と宣言。スロイスの海戦で、仏艦隊が敗北。
1341年　ブルターニュ継承戦争が勃発。
1346年　クレシーの戦いで、エドワード3世が仏軍を破る。
1347年　エドワード3世親征軍、11カ月間の攻囲の末、カレーを占領。黒死病（ペスト）が南仏に上陸。
1355年　エドワード黒太子、ラングドック略奪行。
1356年　ジャン2世、ナヴァール王シャルルをルーアンにおいて捕縛。ポワティエの戦いで、エドワード黒太子がジャン2世を捕虜とする。パリの全国三部会、王太子シャルルに対して国政改革要求を提出する。
1359年　エドワード3世、ランス奪取を試みるも失敗（～1360

佐藤 猛（さとう・たけし）

1975年，北海道に生まれる．北海道大学文学部卒業．同大学大学院文学研究科博士課程単位取得満期退学．博士（文学・北海道大学）．現在，秋田大学教育文化学部准教授．専門は中世フランス史．著書に『百年戦争期フランス国制史研究——王権・諸侯国・高等法院』（北海道大学出版会，2012年）がある．

百年戦争《ひゃくねんせんそう》
中公新書 *2582*

2020年3月25日初版
2020年4月10日再版

著 者 佐藤 猛
発行者 松田陽三

本文印刷 三晃印刷
カバー印刷 大熊整美堂
製 本 小泉製本

発行所 中央公論新社
〒100-8152
東京都千代田区大手町1-7-1
電話 販売 03-5299-1730
編集 03-5299-1830
URL http://www.chuko.co.jp/

Published by CHUOKORON-SHINSHA, INC.
Printed in Japan ISBN978-4-12-102582-1 C1222

世界史

- 2050 新・現代歴史学の名著 樺山紘一編著
- 2223 世界史の叡智 本村凌二
- 2253 禁欲のヨーロッパ 佐藤彰一
- 2409 贖罪のヨーロッパ 佐藤彰一
- 2467 剣と清貧のヨーロッパ 佐藤彰一
- 2516 宣教のヨーロッパ 佐藤彰一
- 2567 歴史探究のヨーロッパ 佐藤彰一
- 1045 物語 イタリアの歴史 藤沢道郎
- 1771 物語 イタリアの歴史Ⅱ 藤沢道郎
- 2508 貨幣が語る ローマ帝国史 比佐 篤
- 2413 ガリバルディ 藤澤房俊
- 2152 物語 近現代ギリシャの歴史 村田奈々子
- 2440 バルカン―「ヨーロッパの火薬庫」の歴史 M・マゾワー 井上廣美訳
- 1635 物語 スペインの歴史 岩根圀和
- 1750 物語 スペインの歴史 人物篇 岩根圀和
- 1564 物語 カタルーニャの歴史（増補版） 田澤 耕
- 1963 物語 フランス革命 安達正勝
- 2286 マリー・アントワネット 安達正勝
- 2466 ナポレオン時代 A・ホーン 大久保庸子訳
- 2529 ナポレオン四代 野村啓介
- 2027 物語 ストラスブールの歴史 内田日出海
- 2318 2319 物語 イギリスの歴史（上下） 君塚直隆
- 2167 イギリス帝国の歴史 秋田 茂
- 1916 ヴィクトリア女王 君塚直隆
- 1215 物語 アイルランドの歴史 波多野裕造
- 1420 物語 ドイツの歴史 阿部謹也
- 2304 ビスマルク 飯田洋介
- 2490 ヴィルヘルム2世 竹中 亨
- 2546 物語 オーストリアの歴史 山之内克子
- 2434 物語 オランダの歴史 桜田美津夫
- 2279 物語 ベルギーの歴史 松尾秀哉
- 1838 物語 チェコの歴史 薩摩秀登
- 2445 物語 ポーランドの歴史 渡辺克義
- 1131 物語 北欧の歴史 武田龍夫
- 2456 物語 フィンランドの歴史 石野裕子
- 1758 物語 バルト三国の歴史 志摩園子
- 1655 物語 ウクライナの歴史 黒川祐次
- 1042 物語 アメリカの歴史 猿谷 要
- 2209 アメリカ黒人の歴史 上杉 忍
- 1437 物語 ラテン・アメリカの歴史 増田義郎
- 1935 物語 メキシコの歴史 大垣貴志郎
- 1547 物語 オーストラリアの歴史 竹田いさみ
- 2545 物語 ナイジェリアの歴史 島田周平
- 1644 ハワイの歴史と文化 矢口祐人
- 2561 キリスト教と死 指 昭博
- 2442 海賊の世界史 桃井治郎
- 518 刑吏の社会史 阿部謹也
- 2582 百年戦争 佐藤 猛
- 2583 鉄道のドイツ史 鴋澤 歩